STAR WARS

Direction éditoriale : Stéphane Chabenat
Éditrice : Pauline Labbé
Conception graphique et mise en pages : Florence Cailly
Conception couverture : olo.éditions
Illustrations : Chris Pavone

Les Éditions de l'**Opportun**
16, rue Dupetit-Thouars
75003 Paris

www.editionsopportun.com

Chris Pavone

STAR WARS

350 anecdotes insolites

La bataille de Yavin,
à laquelle on assiste à la fin de l'épisode IV et qui oppose l'Empire galactique à l'Alliance rebelle autour de la planète Yavin, est considérée comme « l'an 1 » de la chronologie *Star Wars*. Les événements sont alors exprimés en « avant BY » ou « après BY ».
Grâce à ce repère chronologique, on peut ainsi placer les épisodes dans le temps :

Épisode I : La Menace fantôme :
32 avant BY

Épisode II : L'Attaque des clones :
22 avant BY

Star Wars: The Clone Wars
(série TV d'animation) : 22 à 19 avant BY

Épisode III : La Revanche des Sith :
19 avant BY

Solo: A Star Wars Story : 14 à 12 avant BY

Star Wars Rebels (série TV d'animation) :
5 avant BY

Rogue One: A Star Wars Story : an 1

Épisode IV : Un nouvel espoir : an 1

Épisode V : L'Empire contre-attaque :
an 3 après BY

Épisode VI : Le Retour du Jedi :
an 4 après BY

Épisode VII : Le Réveil de la Force :
an 34 après BY

Épisode VIII : Les Derniers Jedi :
an 34 après BY

Épisode IX : L'Ascension de Skywalker :
an 35 après BY

Alors que la saga Star Wars possède un univers extrêmement riche et très détaillé, l'espèce à laquelle appartient Yoda, l'un des plus célèbres Jedi, ainsi que son monde natal n'ont jamais été déterminés.
Un mystère total cela demeure...

Bien que George Lucas prête ses traits à l'un des bustes de la bibliothèque du Temple Jedi dans l'épisode II, et qu'il donne sa voix pour jouer la quinte de toux du général Grievous dans l'épisode III, il n'apparaît en caméo que dans ce même épisode sous les traits d'un notable à la peau bleue, le Baron Papanoida, à l'entrée de l'Opéra, au moment où Anakin y pénètre.

Le *Faucon Millénium* devait initialement avoir une forme longue et cylindrique, ce qui ne plaisait pas trop aux modélistes qui lui trouvaient une trop grande ressemblance avec un vaisseau spatial d'une célèbre série britannique de l'époque, *Cosmos 1999*… George Lucas a alors eu l'idée de lui donner la forme… d'un hamburger ! Il a associé une olive et un hamburger pour obtenir le look actuel du vaisseau : arrondi avec une petite excroissance (le poste de pilotage) sur le côté droit ! Les deux « mandibules » à l'avant ont été ajoutées simplement pour différencier l'avant de l'arrière.

Toutefois, le prototype originel du *Faucon Millénium* est bien visible dans *Star Wars*, il est devenu le *Blockade Runner*, le vaisseau rebelle vu au début de l'épisode IV en train de fuir l'*Imperial* Star Destroyer.

DURANT LA RÉALISATION DE L'ÉPISODE VIII, DISNEY A UTILISÉ DES « DRONES ANTI-DRONES » AFIN D'EMPÊCHER LES GENS D'ESPIONNER LE TOURNAGE !

LES DRONES DES FANS ÉTAIENT SI PRÉSENTS QUE LES ACTEURS PORTAIENT DES PEIGNOIRS À CAPUCHES POUR CACHER LEUR COSTUME QUAND ILS ALLAIENT DE LEUR CARAVANE AU PLATEAU ! ON POURRAIT LITTÉRALEMENT PARLER D'UNE GUERRE DES DRONES !

Sur le tournage de l'épisode I, en Tunisie, il faisait si chaud que l'équipe a fait cuire un œuf sur la tête de R2-D2 !

La phrase « J'ai un mauvais pressentiment » est prononcée dans tous les films *Star Wars* :

Épisode I

Obi-Wan s'adressant à Qui-Gon Jinn à bord du Saak'ak, il s'agit de leur première réplique.

Épisode II

Anakin Skywalker dans l'arène de Géonosis en voyant les créatures qui doivent les exécuter.

Épisode III

Obi-Wan à Anakin lorsque leurs starfighters se rapprochent d'un vaisseau ennemi.

Rogue One

K-2SO alors que Jyn Erso, Cassian Andor et lui-même viennent de monter dans l'ascenseur pour accéder au centre des archives impériales sur Scarif.

Épisode IV

Luke Skywalker, lorsque le *Faucon Millénium* approche de l'Étoile de la Mort, ainsi que Han Solo, lorsque le compacteur à déchets s'apprête à les écraser.

Épisode V

La princesse Leia, alors qu'ils sont pris au piège dans l'estomac d'un ver de l'espace.

Épisode VI

C-3PO à R2 lorsqu'ils approchent du Palais de Jabba le Hutt, et Han Solo après avoir été capturé par les Ewoks.

Épisode VII

Han Solo lorsque les lumières du vaisseau s'éteignent alors que Rey et Finn viennent de libérer par erreur les Rathtars.

Épisode VIII

BB-8 alors que Poe Dameron et lui font face à la flotte du Premier Ordre.

Épisode IX

À l'heure où ce livre est écrit, l'épisode IX n'est pas sorti au cinéma. Si tu l'as vu, as-tu repéré la fameuse phrase ?

À L'INVERSE, LA PHRASE « J'AI UN BON PRESSENTIMENT » EST PRONONCÉE PAR HAN SOLO DANS *SOLO: A STAR WARS STORY*, JUSTE AVANT LE RAID DE KESSEL. CETTE RÉPLIQUE PREND LE CONTRE-PIED DE LA CÉLÈBRE PHRASE PRONONCÉE DANS TOUS LES FILMS DE LA SAGA.

Pour les pillards Tuskens, guerriers nomades vivant sur la planète Tatooine, George Lucas s'est inspiré des Bédouins, nomades arabes qui ont habité les régions désertiques de l'Afrique du Nord

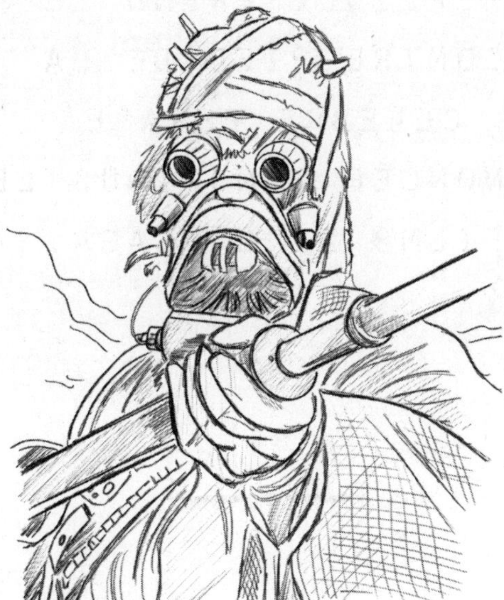

Les cris des Tuskens ont été composés à partir d'un mélange de sons de mules et… de personnes imitant des mules !

Les Tuskens apparaissent pour la première fois dans l'épisode IV, lorsqu'ils assomment Luke, mais sais-tu qu'on les voit aussi dans l'épisode I ? On les aperçoit en train de tirer sur les pilotes de la course de modules.
Dans l'épisode II, ce sont eux qui kidnappent la mère d'Anakin.

As-tu remarqué qu'à la toute fin du générique de l'épisode I on entend la respiration de Dark Vador ?

Dans l'épisode IV, pour donner un style atypique à la nourriture de la planète Tatooine, les accessoiristes ont utilisé des légumes qu'ils trouvaient surprenants. On peut donc y voir un légume complètement inconnu des Américains à l'époque : le fenouil !

LA PERRUQUE DE LIAM NEESON (QUI JOUE QUI-GON JINN DANS L'ÉPISODE I) A DISPARU LORS D'UN ORAGE NOCTURNE EN TUNISIE, ALORS QUE TOUTE L'ÉQUIPE DU TOURNAGE ÉTAIT PRÉSENTE.

Pour le personnage de Chewbacca, George Lucas s'est inspiré de son chien ! Il possédait en effet un gros chien, un malamute d'Alaska nommé « Indiana » (tiens, tiens...), qui avait l'habitude de monter à l'avant de sa voiture sur le siège passager, faisant croire à beaucoup de passants qu'il s'agissait d'une vraie personne.

Durant les scènes de combat au sabre laser, l'acteur Ewan McGregor (alias Obi-Wan Kenobi) s'est souvent emporté en faisant lui-même les sons de l'arme avec la bouche ! On était alors obligé de les couper en postproduction. Hayden Christensen a parfois fait la même chose, et, le jour où George Lucas l'a entendu, après avoir éclaté de rire, il lui a dit : « Ne t'inquiète pas, on a en studio des gens qui feront de meilleurs sons de sabre que toi ! »

L'actrice Laura Dern (l'amiral Holdo dans l'épisode VIII) a eu le même réflexe que McGregor et n'a pas pu s'empêcher de faire des bruits avec sa bouche durant les prises où elle tire avec son arme à feu. Dans une scène gardée dans le film, on voit clairement ses lèvres articuler : « Pew ! » C'est à environ 1 h 34 de film, juste après qu'elle envoie de la vapeur sur un garde pour détourner l'attention et pouvoir tirer.

DANS LA TRILOGIE INITIALE, LES SONS DES BLASTERS FURENT PRODUIT À PARTIR DU BRUIT D'UN MARTEAU FRAPPANT UN GROS CÂBLE MÉTALLIQUE D'ANTENNE RADIO.

J. J. Abrams a expliqué que le nom du droïde BB-8, dans la troisième trilogie, est un clin d'œil visuel au fait que le robot ressemble à un B ou à un 8 avec ses deux parties rondes.

Certains fans de la saga associent le pectoral que porte Dark Vador sur son armure et le pectoral que portaient les grands prêtres de l'Israël antique. Et pour cause, il y a trois inscriptions sur l'armure qui semblent être écrites en hébreux, mais leur signification, s'il y en a une, reste encore un sujet de discussions.

Le design des TB-TT (*Transport Blindé Tout Terrain*, adaptation de l'anglais AT-AT, *All Terrain Armored Transport*) est un clin d'œil historique aux éléphants de guerre utilisés lors du passage des Alpes par Hannibal. C'est pour cela qu'ils ressemblent un peu à des éléphants mécaniques.
Le bruitage de ces quadripodes impériaux est produit grâce à un son de presse d'un machiniste, auquel on a ajouté le bruit de chaînes de vélo lâchées au sol.

L'acteur Peter Cushing, qui joue le rôle du Grand Moff Wilhuff Tarkin dans les épisodes III et IV, a trouvé ses bottes de costume si inconfortables qu'il a porté ses pantoufles dans la plupart des scènes et a demandé à ce que l'on coupe ses pieds dans les plans. Aujourd'hui, ces pantoufles sont exposées dans un musée *Star Wars*.

Le son du *Faucon Millénium* a été créé à partir du mélange des bruits d'un vieux chasseur P-51 Mustang, ralenti et poussé dans les basses, d'un véritable coup de tonnerre et de moteurs de voitures.

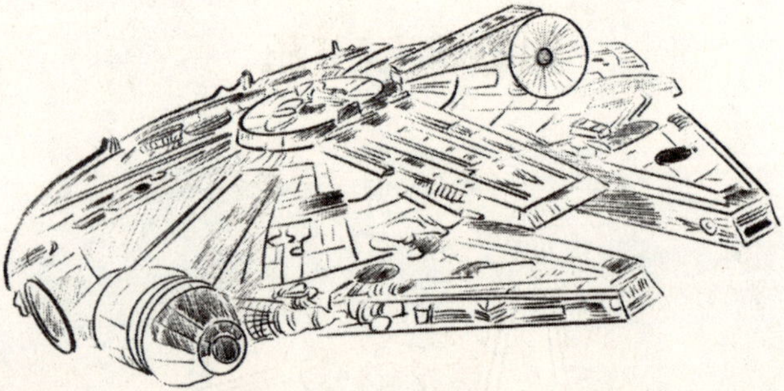

LE SON DU MOTEUR DU TIE FIGHTER EST EN RÉALITÉ LE BRUIT D'UN BARRISSEMENT D'ÉLÉPHANT COMBINÉ AU SON D'UNE VOITURE ROULANT RAPIDEMENT SUR UNE CHAUSSÉE MOUILLÉE.

Savais-tu que le communicateur qu'utilise Qui-Gon Jinn dans l'Épisode I pour parler à distance avec Obi-Wan est en réalité… un rasoir Gillette Ladies Sensor Excell® ? Les accessoiristes ont trouvé qu'il avait une forme parfaite et lui ont ajouté quelques vis par-ci par-là pour lui donner une allure plus futuriste. Il a été utilisé par le Jedi tout au long du film !

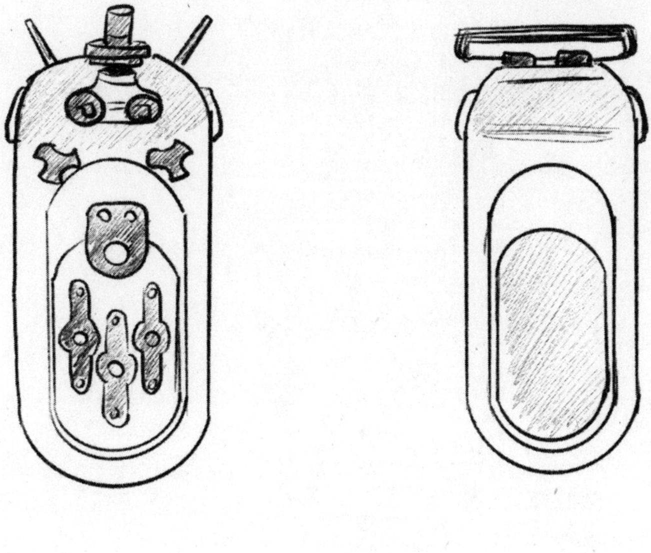

L'emblématique introduction avec le texte déroulant à chaque début d'épisode, qui résume le contexte du film, n'est pas une idée de George Lucas, c'est en réalité une suggestion venant du réalisateur Brian de Palma qui, après avoir vu un des premiers montages du premier épisode, avoua à Lucas qu'il ne comprenait rien à l'histoire !

Le nom de Poe Dameron (pilote de chasse et leader d'un escadron des Forces de Défense de la Nouvelle République, apparu dans l'épisode VII) vient du nom de l'assistante personnelle de J. J. Abrams, Morgan Dameron, et du nom du panda en peluche de la fille de J. J. Abrams, Poe.

La fille de Carrie Fisher, l'actrice Billie Lourd, tient le rôle, aux côtés de sa mère, du lieutenant Kaydel Ko Connix, membre de la Résistance dans l'épisode VII. La coiffure qu'elle a dans cet épisode est bien entendu un hommage à celle de sa mère dans la trilogie originale. Carrie Fisher, alias la princesse Leia, est décédée un an après être apparue avec sa fille dans la saga, en 2016.

« Loose lips sink starships. »
(« Les langues trop bien pendues font sombrer les vaisseaux spatiaux. »)
C'est ce qu'on pouvait lire sur une pancarte affichée sur le plateau de tournage de l'épisode VII (pancarte déjà présente sur le plateau de l'épisode I) afin de dissuader les membres de l'équipe du film de divulguer ses secrets. Cette recommandation est tirée d'une devise durant la Seconde Guerre mondiale, invitant les militaire et les civils à se taire, évitant ainsi des fuites qui pourraient être utiles aux ennemis.

Disney, comme Lucas avant eux, prennent toutes les précautions pour ne laisser fuiter aucune information lors des tournages et s'arrangent toujours pour tout cacher au maximum : décors, costumes, etc. Malheureusement, en 2017, un utilisateur de Google Earth a repéré l'authentique *Faucon Millénium* dissimulé sur un terrain vague en banlieue de Londres, près des studios de tournage de l'épisode VIII ! Vu du sol, il était parfaitement impossible de deviner que le fameux vaisseau de Han Solo se trouvait caché derrière un cercle de containers, mais, vue du ciel, la forme emblématique de l'engin fut immédiatement repérée, créant bien entendu un buzz intergalactique !

LE SAGE PETIT JEDI VERT YODA DEVAIT INITIALEMENT ÊTRE UN SINGE ! UN VRAI SINGE PORTANT UN MASQUE ET UNE CANNE À LA MAIN. C'EST EN VOYANT QU'IL NE FAISAIT QU'ENLEVER SON MASQUE QUE L'ÉQUIPE A COMPRIS QUE C'ÉTAIT UNE MAUVAISE IDÉE ! IL A ALORS ÉTÉ REMPLACÉ PAR UNE MARIONNETTE.

Le maquilleur de Maître Yoda
(Stuart Freeborn) s'est en partie
inspiré de lui-même (tant qu'à faire !)
pour créer le visage du vieux Jedi.
Il a repris son crâne chauve,
ses rides et son menton pointu.
Le reste vient d'Albert Einstein,
notamment les yeux, qui lui donnent,
selon Freeborn, un air intelligent !

Le titre de l'épisode VI, *Le Retour du Jedi*, aurait dû s'appeler *La Revanche du Jedi*. Les affiches étaient prêtes et imprimées lorsque Lucas a réalisé que, dans l'univers qu'il a créé, « un Jedi ne se venge pas ! » Le titre a donc été changé quelques semaines avant sa sortie.
Le mot *revanche* fut finalement utilisé pour l'épisode III, *La Revanche des Sith*, car un Sith, lui, se venge !

LORS DU DÉVELOPPEMENT DE L'HISTOIRE DE L'ÉPISODE VI, *LE RETOUR DU JEDI*, LUCAS A PROPOSÉ QUE LUKE ENLÈVE LE CASQUE DE SON PÈRE ET LE METTE SUR SA TÊTE EN DISANT « MAINTENANT, JE SUIS VADOR ! », AVANT DE SE TOURNER VERS LE CÔTÉ OBSCUR...

L'IDÉE FUT ABANDONNÉE POUR PLUTÔT GARDER UNE FIN HEUREUSE.

Le groupe NSYNC, célèbre boys band des années 1990 dont faisait partie Justin Timberlake, devait faire une apparition dans l'épisode II afin de satisfaire la demande de la fille de George Lucas ! Ils devaient jouer des Jedi se battant dans l'arène dans la bataille décisive sur la planète Géonosis. La scène a finalement été coupée au montage.

Boba Fett, le redoutable chasseur de primes (fils cloné de Jango Fett, épisode II), qui traque Han Solo dans la trilogie initiale, porte toujours un casque et ne montre jamais son visage. Pourtant, l'acteur jouant son rôle, Jeremy Bulloch, est bel et bien visible dans la saga. Dans l'épisode V, *L'Empire contre-attaque*, il remplace au dernier moment un acteur indisponible et incarne le lieutenant impérial Sheckil, qui capture la princesse Leia lors de sa tentative d'évasion sur la planète Bespin.

Le nombre d'orteils aux pieds de Yoda n'est pas identique tout au long de la saga. Dans l'épisode I, il possède trois orteils à chaque pied alors que, dans les épisodes IV, V et VI, il en a quatre.

Au moins trois femmes pilotes de chasse apparaissaient dans la trilogie originale, mais elles ont toutes été coupées au montage, ne laissant que des hommes aux commandes ! Un des arguments avancés pour expliquer leur élimination de la version finale est que voir mourir des femmes pilotes aurait été dérangeant pour le public de l'époque.

Les auteurs et éditeurs de romans sur l'histoire de *Star Wars* ont négocié avec George Lucas le droit de faire mourir un des personnages les plus connus car ils pensaient que les lecteurs les prendraient ainsi plus au sérieux. Ils ont alors reçu de George Lucas une liste de personnages qu'il ne fallait pas faire mourir, avec, en haut de la liste, Luke Skywalker. C'est finalement Chewbacca qui est mort dans l'un de ces romans intitulé *Vector Prime*, succombant à un essaim de punaises tueuses.

Steven Spielberg avait fait plusieurs clins d'œil à son ami George Lucas dans son film *E.T., l'extra-terrestre* en plaçant des jouets *Star Wars* un peu partout. On peut également apercevoir un enfant déguisé en Yoda lorsque E. T. et Eliott se promènent dans la rue le jour d'Halloween. George Lucas lui rendit son hommage en faisant apparaître trois E.T.

PARMI LES MEMBRES DU SÉNAT GALACTIQUE PENDANT LE DISCOURS DE PALPATINE ET AMIDALA DE L'ÉPISODE I.

Alors que leur langue officielle est l'ewokese, les Ewoks parlent en réalité tibétain ! Enfin presque, le bruiteur Ben Burtt a mélangé cette langue à quelques mots de mongol et de népalais. Il semble même qu'on les entende prononcer à plusieurs reprises « tashidelek » (« bonjour ») et « om mani padme hum » (un des plus célèbres mantras bouddhistes).

La voix de Chewbacca est un mélange éclectique de cris d'animaux. On reconnaît le cri du morse, qui est mélangé à des rugissements de lions, des cris de blaireaux, et, surtout, au cri d'un ourson, afin de lui donner une voix à la fois rude et tendre.

On pourrait croire que son cri est toujours le même, pourtant non, il a beaucoup évolué tout au long de la saga.

Il est vrai que Chewbacca ne s'exprime qu'en Shyriiwook (la langue parlée par les Wookiees) ! Wrrrrggrr ! Mais en regardant les quelques vidéos du tournage de *L'Empire contre-attaque* disponibles, on peut entendre que l'acteur, Peter Mayhew, donnait en réalité la réplique en anglais. Les cris de la créature ont été ajoutés en postproduction.

Le 4 mai est un jour de fête pour les fans de *Star Wars* ! Cette date a été choisie à la suite d'un calembour créé à partir de la célèbre phrase « May the Force be with you ! » (« Que la Force soit avec toi ! »), qui est devenue « **May the fourth** be with you ! » (« May the fourth » signifie « le 4 mai »).

LORSQU'IL S'EST PRÉSENTÉ POUR LE RÔLE DE CHEWBACCA, PETER MAYHEW A PASSÉ LE CASTING LE PLUS RAPIDE DE LA GALAXIE ! GEORGE LUCAS EST ENTRÉ DANS LA PIÈCE, ET, QUAND MAYHEW S'EST LEVÉ POUR LE SALUER, GEORGE LUCAS A ÉTÉ SI IMPRESSIONNÉ PAR SA TAILLE DE GÉANT QU'IL A DIT : « C'EST BON, C'EST LUI ! » ET IL L'A ENGAGÉ !

En 1977, lorsque Spielberg a vu que l'épisode IV de *Star Wars* de son ami George Lucas avait dépassé *Les Dents de la mer* au box-office américain, il a aussitôt acheté une pleine page de publicité dans le magazine *Variety* pour y faire apparaître une illustration de R2-D2 en train de pêcher, un requin accroché à son hameçon.

Spielberg a réitéré cette démarche amicale 20 ans plus tard, en 1997, quand l'édition spéciale de l'épisode IV a regagné son titre détenu à l'époque par… *E.T.* ! L'illustration montrait cette fois E.T. couronnant R2-D2 !

En 2015, l'équipe du film *Jurassic World* (S. Spielberg, F. Marshall et le réalisateur C. Trevorrow) a posté un tweet de félicitations destiné à celle de l'épisode VII, qui lui a subtilisé le record du meilleur démarrage aux États-Unis et dans le monde ! On pouvait voir dans ce tweet une illustration d'un dinosaure déposant une médaille d'or autour du coup du droïde BB-8 !

En 2018, la tradition s'est poursuivie avec des félicitations de la part de Lucasfilm envers Marvel Studios pour leur record lors de la sortie d'*Avengers: Infinity War*, qui a dépassé *Le Réveil de la Force*. Cette fois, l'illustration montrait une main de Jedi déposer un sabre laser dans la main d'Iron Man !

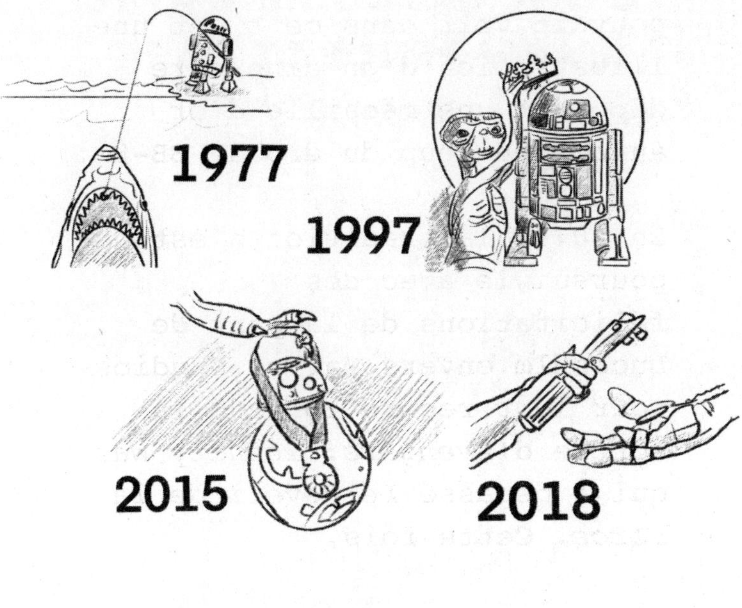

STAR WARS **EST SI ANCRÉ DANS LA CULTURE POPULAIRE QUE MÊME UNE CATHÉDRALE, LA CATHÉDRALE NATIONALE DE WASHINGTON, DISPOSE D'UNE GARGOUILLE AVEC L'APPARENCE DE DARK VADOR !**

Le légendaire générique d'ouverture de chaque film a été créé de manière très... artisanale. Des lettres jaunes ont été découpées à l'emporte-pièce, placées sur un papier noir de plusieurs mètres de long et filmées par une caméra effectuant un passage lent au-dessus de l'affiche.

À la sortie de l'épisode IV, *Un nouvel espoir*, George Lucas a été attaqué par la « Writers Guild of America », un syndicat de scénaristes et de réalisateurs qui n'ont pas accepté que les crédits soient placés à la fin du film et non au début (le début des films *Star Wars* étant consacré au fameux texte déroulant qui contextualise l'histoire). George Lucas a dû payer une amende de 250 000 dollars !

La planète sur laquelle est envoyée en camp de travail Jyn Erso dans *Rogue One* s'appelle Wobani, c'est l'anagramme d'Obi-Wan.

The Star Wars Holiday Special (*Au temps de la guerre des étoiles* en français), est un téléfilm musical de SF qui a été diffusé en 1978, un an après l'épisode IV. Outre le fait qu'il marque la première apparition du personnage Boba Fett, il met en scène de façon tellement ridicule la famille de Chewbacca et les autres héros de la saga que, lorsque George Lucas

L'A VU, IL A ÉTÉ ÉPOUVANTÉ PAR SA NULLITÉ ! IL L'A TROUVÉ TELLEMENT RATÉ QU'IL EN A CARRÉMENT INTERDIT LA REDIFFUSION ! C'EST POURQUOI, AUJOURD'HUI, ON NE TROUVE PLUS QUE DES VERSIONS PIRATES, ENREGISTRÉES GRÂCE À DES MAGNÉTOSCOPES À L'ÉPOQUE. GEORGE LUCAS A MÊME AVOUÉ QU'IL RÊVAIT QUE TOUTES LES COPIES DU MONDE SOIENT DÉTRUITES !

Alors que George Lucas tournait l'épisode IV de *Star Wars*, son ami Steven Spielberg tournait, lui, *Rencontres du troisième type*. George Lucas est allé voir Spielberg et lui a confié qu'il craignait vraiment que son projet fasse un flop… Comme il était sûr que *Rencontres du troisième type* allait cartonner, il lui a proposé d'échanger 2,5 % des bénéfices respectifs de leurs films. Spielberg a accepté et, grâce au succès inattendu de *Star Wars*, il a touché pas moins de 40 millions de dollars !

L'ACTEUR WARWICK DAVIS, QUI A JOUÉ LE CÉLÈBRE RÔLE DE WILLOW, ÉTAIT ÂGÉ DE SEULEMENT 11 ANS LORSQU'IL A ÉTÉ PRIS POUR JOUER UN EWOK DANS L'ÉPISODE VI, *LE RETOUR DU JEDI*. IL A ÉGALEMENT JOUÉ YODA, LORSQU'ON VOIT SON PERSONNAGE MARCHER DANS CERTAINS PLANS DANS LES ÉPISODES I, VII ET VIII. IL JOUE D'AUTRES PERSONNAGES DANS *SOLO* ET *ROGUE ONE*.

Star Wars se passe bien sur… Terre !
Voici des exemples de lieux où la saga a été tournée :

- En Tunisie, pour la planète **Tatooine. Tatooine** tire d'ailleurs son nom de la véritable ville de **Tataouine**, non loin de Tunis.
- Dans la vallée de la Mort, en Californie, toujours pour la planète **Tatooine.**
- En Grande-Bretagne et en Australie pour toutes les scènes d'intérieur.
- Près du site archéologique maya de Tikal, au Guatemala, pour le satellite naturel de Yavin, **Yavin 4** (épisode IV).
- Sur le glacier Hardangerjøkulen, en Norvège, pour la planète **Hoth** dans l'épisode V.

- Dans le parc national de Redwood, en Californie, pour **la lune d'Endor** où vivent les Ewoks.
- Dans le palais royal de Caserte et au bord du lac de Côme, en Italie, pour la planète **Naboo**.
- Sur la place d'Espagne, à Séville, en Espagne, toujours pour la planète **Naboo** (épisode II).
- Près de l'Etna, en Italie, pour la planète de lave **Mustafar**.
- À Grindelwald, en Suisse, pour **Alderaan** (épisode III).
- Sur la baie de Phang Nga et Guilin, respectivement en Thaïlande et en Chine, pour la planète **Kashyyyk**.

Pour créer les effets de lave de la planète Mustafar dans l'épisode III, *La Revanche des Sith*, une véritable éruption volcanique a été filmée directement sur l'Etna, en Sicile ! Celle-ci a servi de fond pour le duel opposant Anakin (Dark Vador) et Obi-Wan ! En réalité, cela aurait pu être obtenu grâce à des effets spéciaux, mais

L'ETNA ÉTAIT EN ÉRUPTION AU MOMENT DU TOURNAGE DE L'ÉPISODE III ET IL A ÉTÉ PLUS ÉCONOMIQUE ET PLUS RÉALISTE D'ENVOYER UNE ÉQUIPE SUR PLACE POUR OBTENIR CES SUPERBES IMAGES !

L'épisode IV, *Un nouvel espoir*, n'a été projeté en Chine pour la première fois qu'en… 2015 ! 38 ans après sa sortie ! En effet, en 1977, la Chine, sortant à peine de la révolution culturelle initiée par Mao Zedong, a boycotté les produits occidentaux. Les épisodes IV, V et VI n'ont donc pas été projetés en Chine. Les Chinois n'ont découvert *Star Wars* qu'au moment de la sortie de la prélogie.

LA RESPIRATION CARACTÉRISTIQUE DE DARK VADOR A ÉTÉ ENREGISTRÉE GRÂCE À UN MICRO INSTALLÉ DANS UN APPAREIL SERVANT À LA PLONGÉE SOUS-MARINE. C'EST LA RESPIRATION DU DESIGNER SONORE DE LA SAGA, BEN BURTT, QUE L'ON ENTEND.

L'idée d'une planète de lave dans *Star Wars*, comme la planète Mustafar où s'affrontent Anakin et Obi-Wan, était présente dans l'esprit de George Lucas depuis le début de sa réalisation en 1977, car il voulait initialement que Dark Vador possède un château sur une planète en lave ! L'idée s'est concrétisée dans *Rogue One* en 2016, où l'on trouve Vador dans un château sur la planète Mustafar. Forte symbolique puisque c'est là qu'il est devenu Dark Vador, en se retournant contre les deux personnes qu'il aimait le plus, sa femme et son mentor.

La forme du masque de Dark Vador s'inspire du *kabuto*, casque traditionnel de l'armure japonaise portée par les samouraïs. George Lucas trouve qu'il ressemble également au casque allemand de la Seconde Guerre mondiale. Le réalisateur pensait même faire appel à l'acteur japonais Toshirō Mifune (qui joue dans *Les Sept Samouraïs*) pour le rôle de Vador, mais ce dernier a refusé car il ne voulait pas jouer dans un film pour enfants.

Les designers se sont énormément creusé les méninges pour mettre au point le vaisseau de Boba Fett, le *Slave I*. Finalement, c'est une antenne radar, une parabole qu'avait vue un des designers un jour, qui leur a servi de modèle ! On a souvent dit que l'idée venait d'un lampadaire du parking de la société, mais la ressemblance n'était en fait qu'une coïncidence.

Au cœur de l'action, on voit souvent les vaisseaux s'incliner lors de virages comme le feraient des avions se déplaçant dans l'atmosphère terrestre. Mais ce n'est pas possible : dans le vide de l'espace, les vaisseaux ne sont pas soumis à la pression atmosphérique lors de leurs déplacements. Ce choix est bien entendu esthétique : c'est juste plus cool ainsi !

Le nom d'Obi-Wan Kenobi semble être un hommage à la culture japonaise, « *obi* » signifiant « ceinture » en japonais, et « *kenobi* » « épée-ceinture ».

POUR L'ÉPISODE I, *LA MENACE FANTÔME*, LES DÉCORS ONT ÉTÉ FABRIQUÉS POUR DES PERSONNES DE TAILLE MOYENNE, MAIS AU DÉBUT DU TOURNAGE, ILS SE SONT RENDU COMPTE QUE L'ACTEUR DE QUI-GON JINN, LIAM NEESON, ÉTAIT PLUS GRAND QU'ON NE L'IMAGINAIT (1 M 93) : SA TÊTE SORTAIT DU DÉCOR ! IL A FALLU TOUT REHAUSSER, CE QUI A COÛTÉ 150 000 DOLLARS !

Dans *Rogue One*, à la fin du film, le soldat qui descend la commande pour larguer le vaisseau permettant à la princesse Leia de s'enfuir, est joué par le réalisateur du film, Gareth Edwards, qui lance ainsi en quelque sorte la trilogie originale.

R2-D2 a eu plusieurs maîtres dans la saga : Padmé, Anakin, Bail Organa, Leia Organa, Luke Skywalker et même Jabba le Hutt ! Dans l'univers élargi, R2 accompagne les descendants des Skywalker dans de nombreuses aventures.

DANS L'ÉPISODE II, *L'ATTAQUE DES CLONES*, LORSQU'ANAKIN ET OBI-WAN ENTRENT DANS UN BAR POUR TENTER D'ATTRAPER UN CHASSEUR DE PRIMES, ON APERÇOIT QUELQU'UN JOUER À UN JEU VIDÉO PC BIEN CONNU, QUI N'EST AUTRE QUE *STAR WARS EPISODE I: RACER* !

DANS *LE RETOUR DU JEDI*, JABBA LE HUTT EST UNE MARIONNETTE D'UNE TONNE QUI A NÉCESSITÉ TROIS MOIS ET DEMI DE CONSTRUCTION !

Le langage parlé par ce gros alien est un mélange de mots inspiré par le quechua, un ensemble de dialectes d'Amérique du Sud, et de mots inventés !

Lors de la première sortie du *Retour du Jedi* en France, le nom de Jabba le Hutt a été traduit en « Jabba le Forestier », sans qu'on sache vraiment pourquoi (surtout que sur la planète Tatooine, on ne voit que des zones désertiques). On pense que les traducteurs sont restés bloqués sur le mot « Hutt » et ont alors pensé à des huttes qu'on trouve dans la forêt… Quoi qu'il en soit, cette appellation ne sera plus reprise par la suite. Mais dans la version française de l'épisode V, Jabba est surnommé « Le Forestier » par tous les personnages…

Dans l'épisode IV, Chewbacca est appelé « Chicktabba ». Pourquoi ? Parce que « chewbacca » vient de « chew tobacco » qui veut dire « chique du tabac ». D'où la traduction littérale maladroite qui a donné « Chicktabba » (que Han Solo a abrégé en « Chico »). Ce surnom a cependant disparu dans les autres épisodes pour redevenir Chewie !

Les six premiers films *Star Wars* avaient principalement pour cible un public masculin. Les personnages féminins ont donc été mis au second plan. Sans prendre en compte les répliques de la princesse Leia Organa, sur les 586 minutes de la trilogie initiale, les femmes jouant un rôle secondaire ne parlent qu'une seule minute !

Frank Oz, qui prête sa voix (dans la version américaine) au petit homme vert le plus célèbre de l'histoire du cinéma, Yoda, a également incarné… Peggy la cochonne (Miss Piggy) dans l'émission télévisé *The Muppet Show*.

George Lucas a pris énormément
de liberté avec les lois de la science.
Les bruits de tirs et d'explosions
spatiales sont par exemple nombreux.
Pourtant, dans l'espace, aucun son
ne peut se propager dans le vide.
Un tir ou une explosion ne produirait
donc aucun bruit.

Dans la trilogie originale, c'est l'escrimeur olympique et chorégraphe de renom Robert James Gilbert Anderson qui a entraîné les acteurs pour les combats au sabre laser. C'est même lui qui a revêtu le costume de Dark Vador pour rendre ses combats spectaculaires ! Comme Robert Anderson était plus petit que l'acteur principal, il devait être filmé en contre-plongée ou être surélevé pour qu'on ne remarque pas la différence de taille.

L'effet sonore du sabre laser a été produit en combinant le bourdonnement de moteurs d'un projecteur de cinéma au ralenti et les interférences provoquées par un téléviseur sur un microphone. Ce dernier effet a d'ailleurs été découvert accidentellement alors que l'ingénieur du son cherchait un son à ajouter au bourdonnement du projecteur pour amplifier l'effet étincelant des sabres laser.

Pour créer ensuite les variations de son que l'on perçoit lorsque le sabre laser est en mouvement, le son de base du sabre laser a été joué sur un haut-parleur. Il a suffi qu'un microphone, en mouvement devant le haut-parleur, enregistre le son pour créer un effet Doppler[1], ce qui donne vraiment l'impression d'écouter un objet en mouvement. Vooooooo !

1. L'effet Doppler est la modification de la fréquence d'une onde lorsque l'émetteur (ici le haut-parleur) et/ou le récepteur (ici le microphone) sont en mouvement.

DANS L'ÉPISODE IV, *UN NOUVEL ESPOIR*, LES ACCESSOIRISTES ONT CRÉÉ LE SABRE LASER DE LUKE SKYWALKER À PARTIR DU SYSTÈME DE FIXATION D'UN FLASH D'APPAREIL PHOTO. LA LAME LUMINEUSE, ELLE, ÉTAIT UNE TIGE RECOUVERTE D'UN REVÊTEMENT RÉFLÉCHISSANT COMME CEUX DES PANNEAUX DE SIGNALISATION SUR LES AUTOROUTES.

Samuel L. Jackson a accepté de jouer le rôle de Mace Windu à une condition : qu'on lui fasse un sabre laser unique qui se distingue de tous les autres. Rien que ça ! C'est pourquoi son sabre est le premier à apparaître violet, sa couleur préférée.

Il y a aujourd'hui plusieurs couleurs de sabres laser dans les films *Star Wars*, mais, à l'origine, il n'y avait que deux couleurs : bleu pour les Jedi et rouge pour les Sith. Le sabre de Luke Skywalker était d'ailleurs bleu dans l'épisode IV. Lorsque les réalisateurs ont regardé les premières images, ils ont préféré le remplacer par un sabre laser vert pour qu'on puisse le distinguer plus facilement de la couleur du ciel dans les scènes d'extérieur !

LA PRINCESSE LEIA N'A JAMAIS FAIT LA CONNAISSANCE D'OBI-WAN !
EN EFFET, OBI-WAN LA TIENT DANS SES BRAS JUSTE APRÈS SA NAISSANCE, AVANT LA MORT DE PADMÉ, ET DANS L'ÉPISODE IV, LEIA LE VOIT MOURIR DE LOIN. ILS NE SE SONT JAMAIS PARLÉS.

Harrison Ford, qui joue Han Solo, n'a jamais passé de casting pour ce rôle.
À l'époque, il aidait juste d'autres acteurs à lire leur script pour les auditions. George Lucas, qui l'a observé, a trouvé qu'il jouait beaucoup mieux que les autres acteurs et lui a demandé d'incarner ce personnage.

Dans l'épisode III, lorsque qu'Anakin et Obi-Wan se parlent en tant qu'amis pour la dernière fois, le réalisateur a subtilement utilisé un jeu de lumière pour placer Anakin dans la pénombre et Obi-Wan dans la lumière. Il a ainsi voulu montrer qu'à ce moment-là, ces deux personnages étaient tous deux d'un côté différent de la Force.

Dans *Le Retour du Jedi*, lorsque Dark Vador jette l'Empereur dans le vide, on entend pour la première fois la musique réservée aux Jedi pendant une scène consacrée à Dark Vador. Cet effet montre qu'il revient vers le bon côté de la Force.

Une planète telle que Tatooine, sur laquelle se coucheraient deux soleils, pourrait-elle exister ?

Les simulations et les observations récentes

D'EXOPLANÈTES (C'EST-À-DIRE DES PLANÈTES SITUÉES HORS DU SYSTÈME SOLAIRE) MONTRENT QUE OUI. IL EXISTE DES SYSTÈMES D'ÉTOILES BINAIRES AUTOUR DESQUELLES UNE OU PLUSIEURS PLANÈTES PEUVENT ORBITER. CE QUI DONNERAIT BIEN DEUX COUCHERS DE SOLEIL ! À CE JOUR, LES ASTRONOMES EN ONT REPÉRÉ QUELQUES-UNES. IL NE RESTE PLUS QU'À S'Y RENDRE EN *FAUCON MILLÉNIUM*...

L'UN DES CHASSEURS DE PRIMES CONVIÉ PAR DARK VADOR S'APPELLE 4-LOM, CE QUI SIGNIFIE « PAR AMOUR DE L'ARGENT » (EN ANGLAIS FOR (4) LOVE OF MONEY).

BUNK ! AHAHAHAHA !

Dans l'épisode IV, un Stormtrooper se cogne accidentellement la tête lors d'une prise de vue. En hommage à ce passage qui est devenu culte, George Lucas a tourné une scène dans l'épisode VI dans laquelle Lando Calrissian se cogne également le casque contre le plafond du palais de Jabba le Hutt. Il a même demandé à Jango Fett de se cogner de la même manière contre le linteau de la porte de son vaisseau, dans l'épisode II, au moment où il fuit Obi-Wan !

Selon l'astrophysicien Roland Lehoucq, le fait que l'Étoile Noire détruise une planète grâce à son rayon laser ultrapuissant n'est pas du tout vraisemblable. Pour détruire une planète, il faudrait, d'après les estimations scientifiques, une puissance 100 000 fois plus grande à celle dégagée par le Soleil. L'Étoile Noire, qui est beaucoup plus petite que le Soleil, ne peut concentrer autant d'énergie.

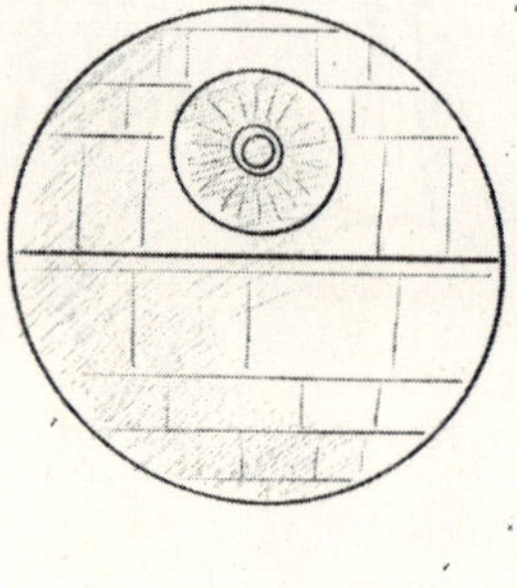

Le Bantha, créature domestique des Tuskens présente dans l'épisode IV, était un vrai éléphant déguisé. Il avait d'ailleurs si chaud dans le désert du Parc national de la vallée de la Mort qu'il retirait toujours son costume !

Le dialecte des ferrailleurs de Tatooine, les Jawas, est en réalité un mélange de swahili et de zoulou, qui a été passé ensuite en vitesse accélérée !

LE CHIEN DE CARRIE FISHER, LA PRINCESSE LEIA, EST TRÈS CONNU DES FANS. IL A BEAUCOUP POSÉ EN PHOTO AVEC ELLE ET S'EST DISTINGUÉ PAR SA LANGUE TOUJOURS PENDANTE. ON PEUT LE VOIR ÉGALEMENT DANS L'ÉPISODE VIII, *LES DERNIERS JEDI*, DANS LE RÔLE D'UN CHIEN DE L'ESPACE DANS LE CASINO DE CANTO BIGHT SUR LA PLANÈTE CANTONICA !

Dans la dernière version de l'Épisode VI, *Le Retour du Jedi*, au moment où l'on assiste à la célébration de la victoire contre l'Empire dans toute la galaxie, on peut apercevoir un Stormtrooper carrément porté par la foule, comme une rock star !

Dans l'épisode I, le fameux EVA pod du film *2001, l'Odyssée de l'espace* figure dans la boutique de Watto, le commerçant de la planète Tatooine.

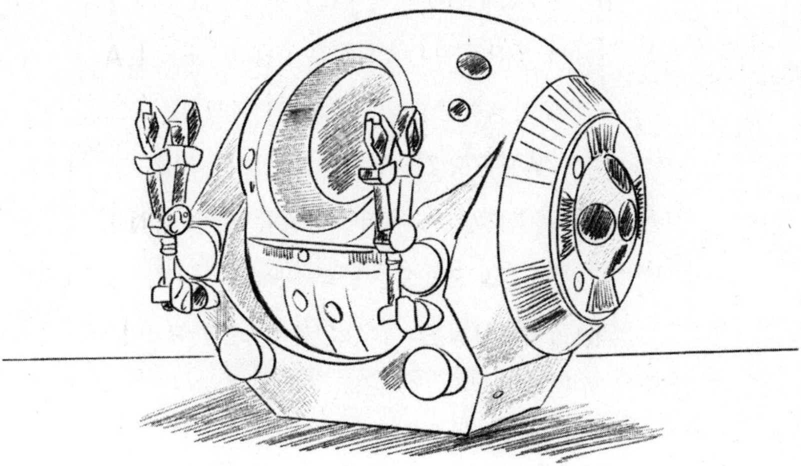

Le tournage de l'épisode IV, en Tunisie, a dû être stoppé le temps que la saison des amours des coccinelles passe... Elles étaient en effet si nombreuses et envahissantes qu'il était impossible de tourner dans de bonnes conditions !

En 2010, la NASA a développé des robots inspirés directement des droïdes en vol stationnaire utilisés par les Jedi pour l'entraînement au sabre laser. Ces robots ont été utilisés dans des stations spatiales de la NASA pour des expériences.

D'un point de vue scientifique, les sabres laser tels qu'ils sont présentés dans *Star Wars* ne pourraient jamais exister. En effet, tant qu'il ne rencontre aucun élément physique, le laser ne s'arrête jamais. Or les sabres laser utilisés dans *Star Wars* mesurent environ un mètre. De plus, des lasers ne se heurtent pas entre eux normalement, ils se traversent. Et pour finir, les lasers sont silencieux !

Lors du tournage de l'épisode IV en Tunisie, les Libyens qui se trouvaient à la frontière à quelques mètres des scènes de tournages ont été inquiets de voir « une mobilisation militaire » près de chez eux… Ils ont alors dû s'assurer que le sandcrawler (char des sables) des Jawas n'était pas une arme secrète…

BEAUCOUP DE MOTS ONT ÉTÉ INVENTÉS POUR L'UNIVERS *STAR WARS*. GEORGE LUCAS A MÊME INVENTÉ LE MOT « GREEBLIE » POUR DÉSIGNER TOUT OBJET POUR LEQUEL IL N'Y AVAIT PAS ENCORE DE NOM, ET POUR « TOUT BIDULE BIZARRE AJOUTÉ À UN AUTRE TRUC ÉTRANGE ».

Lors de la première scène qu'il a dû jouer sur le plateau de l'Épisode IV, Alec Guinness est arrivé avec un beau costume tout neuf et tout propre de Ben Kenobi. Malgré ses 62 ans, il s'est alors littéralement roulé dans la poussière comme un enfant pour bien salir et patiner ses habits, afin de les rendre plus authentiques.

Le vaisseau spatial dans lequel le comte Dooku s'échappe vers la fin de l'épisode II, *L'Attaque des clones,* utilise une voile solaire. George Lucas l'explique dans les bonus du film. Cette voile, qui semble être faite de plasma, prend forme et agit comme une source d'énergie en absorbant la lumière du soleil. Elle génère une propulsion lorsque le vaisseau spatial auquel elle est rattachée est lancé. George Lucas ne

DONNE PAS BEAUCOUP DE DÉTAILS SUR LE FONCTIONNEMENT DE CE DISPOSITIF, MAIS IL EST INTÉRESSANT DE NOTER QU'ELLE S'INSPIRE D'UNE RÉELLE ÉTUDE SCIENTIFIQUE, GRÂCE À LAQUELLE ON ESPÈRE POUVOIR ATTEINDRE UN JOUR DES VITESSES TRÈS ÉLEVÉES !

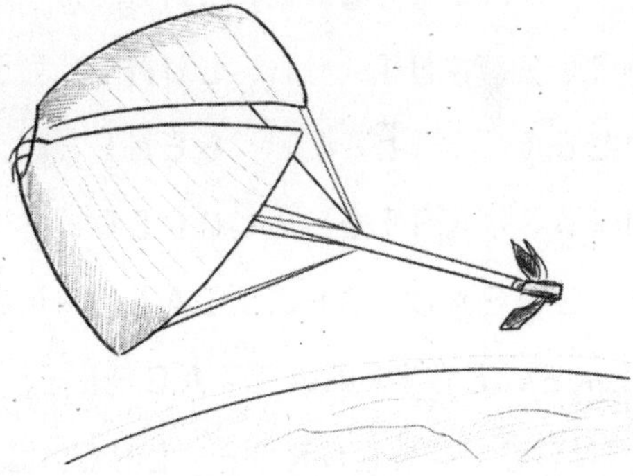

Luke « Skywalker » ne s'appelait pas comme cela au début du tournage de l'épisode IV. Il s'appelait Luke « Starkiller ». Mais George Lucas a découvert que *Starkiller* était le surnom de Charles Manson, un célèbre tueur en série américain qui a participé aux meurtres de plusieurs « stars » (d'où *Starkiller*). Il a donc changé *in extremis* le nom de son personnage pour « Skywalker », avant la sortie du film.

Un grand nombre des bâtiments construits pour les scènes de la planète Tatooine sont toujours visibles en Tunisie ! Certains d'entre eux sont même encore utilisés par les habitants.

Le droïde chasseur de primes IG-88 de l'épisode V a été construit à partir d'éléments de décors recyclé. Sa tête, par exemple, est le distributeur de boissons de la scène de la cantina dans l'épisode IV, *Un nouvel espoir*.

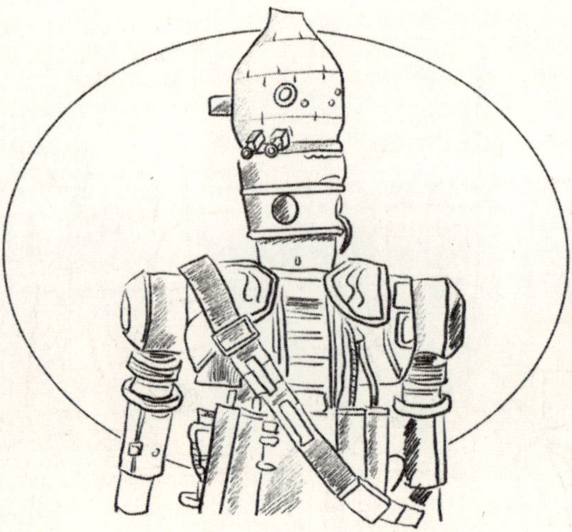

Dans l'épisode VII, lorsque Finn cours vers un abreuvoir pour se désaltérer, il est à côté d'une grosse créature avec un groin de cochon : un Happabore. C'est une marionnette qui a été utilisée pour ce personnage, à l'ancienne, comme pour Jabba le Hutt, nécessitant pas moins de 5 personnes pour l'actionner !

En 2012, la marine américaine a construit un robot inspiré du personnage de *Star Wars*, C-3PO, pour combattre les incendies à bord de leurs navires de guerre. Cet humanoïde qui ne craint pas la chaleur peut alors intervenir au cœur de l'action.

Dans l'épisode I, beaucoup de plans ont été réalisés en image de synthèse, mais pas tous ! Les chutes d'eau autour de la capitale de Naboo ont par exemple été réalisées « à l'ancienne » : l'eau a été remplacée par du sel.

L'épisode II, *L'Attaque des clones*, est le premier film *Star Wars* à avoir été tourné entièrement sur fond bleu. Et contrairement aux costumes réalisés pour les Stormtroopers, tous les clones Troopers du film sont en images de synthèse ! Il n'existe donc aucun costume de ces soldats.

Dans l'épisode II, on peut voir des Shaaks (créature inventée qui ressemble à une vache) dans le champ derrière Anakin et Padmé lors de leur pique-nique. Si vous êtes attentifs, vous pourrez apercevoir un astéroïde en forme de Shaak plus tard dans le film.

LE CASQUE DE VADOR DANS LA PRÉLOGIE A ÉTÉ DESSINÉ PAR UN FRANÇAIS : MARTIN REZARD. IL A IMAGINÉ L'ARMURE ET LE CASQUE, QU'IL A AMÉLIORÉ, NOTAMMENT PARCE QUE LE CASQUE D'ORIGINE, SCULPTÉ À LA MAIN, ÉTAIT ASYMÉTRIQUE !

Dans l'épisode III, le plan qui montre Anakin se faisant opérer pour devenir Dark Vador filme ce dernier vu d'en haut. L'éclairage autour de la table d'opération forme le symbole de l'empire galactique.

Les enfants de George Lucas apparaissent dans la prélogie :
Katie Lucas apparaît comme danseuse Twi'lek dans l'épisode II.
Amanda Lucas apparaît en arrière-plan comme figurante.
Jett Lucas joue enfin le rôle d'un jeune Padawan formé dans le temple Jedi dans les épisodes II et III, temple dans lequel il trouve la mort.

CHELSEA, NATHAN ET GRIFFIN HAMILL, LES ENFANTS DE MARK HAMILL, FONT UNE APPARITION DANS L'ÉPISODE VIII EN TANT QUE MEMBRES DE LA RÉSISTANCE.

L'actrice Daisy Ridley, qui joue Rey dans la troisième trilogie, a préparé son rôle de Jedi en s'entraînant cinq heures par jour, cinq fois par semaine, et en suivant un régime strict à base de poisson, de légumineuses et de spiruline !

Mimas, un satellite de Saturne de 400 km de diamètre, ressemble beaucoup à l'Étoile Noire de *Star Wars*. On peut en effet voir à sa surface un cratère de 130 km de large. George Lucas n'a pas pu s'en inspirer car il a été découvert par la NASA deux ans après la sortie de l'épisode IV.

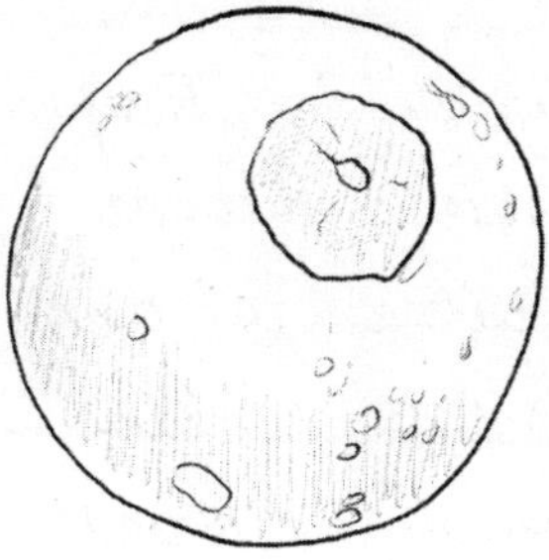

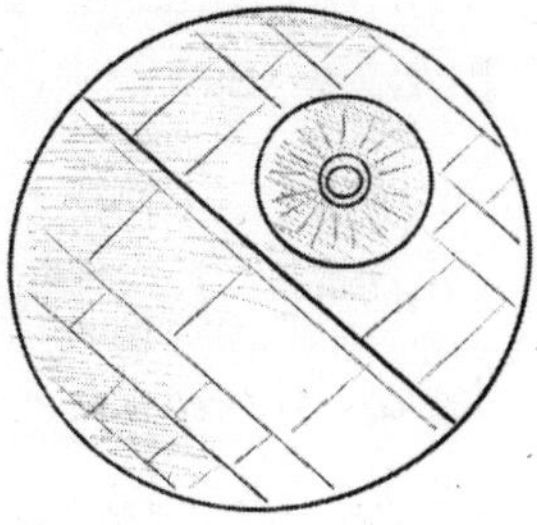

Gary Kurtz, le producteur du *Retour du Jedi*, a expliqué que, dans le récit original de cet épisode, Han Solo devait mourir (ce qui lui arrive finalement dans l'épisode VII), et que Luke devait complètement disparaître dans le désert. Ils ont finalement changé d'avis car George Lucas avait peur que la perte des personnages principaux nuise à la vente des figurines. La fin a alors été transformée en grande fête des Ewoks !

LA CICATRICE QU'ANAKIN A SUR LE VISAGE DANS L'ÉPISODE III LUI A ÉTÉ FAITE PAR ASAJJ VENTRESS (UNE DISCIPLE DE DOOKU) SUR CORUSCANT. ON DÉCOUVRE CETTE SCÈNE DANS LA BANDE DESSINÉE *CLONE WARS*.

DANS L'ÉPISODE VII, REY BLESSE KYLO REN ET LUI LAISSE UNE CICATRICE SUR LE VISAGE, DU MILIEU DU FRONT JUSQU'À LA JOUE DROITE. CETTE CICATRICE A ÉTÉ LÉGÈREMENT DÉPLACÉE DANS L'ÉPISODE VIII POUR PARTIR DU DESSUS DE L'ŒIL DROIT DU PERSONNAGE, RAPPELANT AINSI LA BLESSURE DE SON GRAND-PÈRE ANAKIN. MAIS EST-CE LA VRAIE

**RAISON ? NON.
LE RÉALISATEUR, RIAN JOHNSON, A VOULU CE CHANGEMENT, CAR AU MILIEU DU FRONT, LA CICATRICE LUI DONNAIT UN AIR « IMBÉCILE »...**

À l'origine, l'emblématique Jedi vert ne s'appelait pas Yoda mais Buffy ! La scénariste de *L'Empire contre-attaque*, Leigh Brackett, a proposé de changer ce nom en Minch Yoda, ce qui est ensuite devenu Yoda !

Lors de la première apparition de l'empereur Palpatine dans l'épisode IV, *L'Empire contre-attaque*, l'acteur se trouvant sous le manteau de ce personnage n'est pas Ian McDiarmid, qui joue ce rôle dans l'épisode VI. Ce n'est même pas un acteur mais une actrice : Elaine Baker, 78 ans à l'époque et épouse du maquilleur Rick Baker.

« Ce qui est sûr, c'est qu'on va tous maigrir un grand coup. »

Han Solo

La scène du compacteur de déchet dans l'épisode IV a été tournée avec de vrais détritus qui sentaient très mauvais. Tellement mauvais que l'acteur Mark Hamill (Luke) s'est fait éclater un vaisseau sanguin sur la tempe en essayant de retenir sa respiration et que le costume de Chewbacca a empesté pendant tout le reste du tournage !

Dans l'épisode VIII, deux invités-surprises se sont glissés dans la scène où Finn et Rose se font attraper par les soldats du Premier Ordre. Deux des Stormtroopers sont en effet joués par les princes Harry et William ! Lors de la visite du plateau, le réalisateur leur a proposé un caméo, se disant que ce serait drôle d'avoir sur le plateau « une présence royale autre que la princesse Leia ».

Dans le script original de l'épisode IV, Obi-Wan Kenobi ne meurt pas et arrive à s'enfuir de l'Étoile Noire. George Lucas a cependant préféré ajouter de l'émotion à son film en provoquant la mort de son personnage lors de son duel avec Dark Vador. Cela a tellement déplu à l'acteur qui incarnait Obi-Wan, Alec Guinness, que George Lucas a accepté que le Jedi meure dignement : il s'est sacrifié en laissant Dark Vador le tuer.

Aussi incroyable que cela puisse paraître, le compositeur de toutes les musiques de *Star Wars*, John Williams, n'a jamais regardé les épisodes de la saga ! Il l'explique lors d'une interview : son travail de composition étant terminé, il n'a pas eu le réflexe d'aller au cinéma pour voir les films. Il n'écoute d'ailleurs presque jamais ce qu'il a lui-même composé une fois le projet achevé.

Lorsqu'on emploie les expressions « sans lien aucun », « plus encore », « pas même », « excepté lui » ou encore « me voici », on s'exprime exactement comme Yoda : de manière anastrophique !

L'anastrophe est une figure de style qui consiste à inverser l'ordre habituel des mots pour donner un effet plus raffiné à la langue.

Dans la série *The Clone Wars*, alors que le général Grievous tente de s'enfuir de Coruscant, Mace Windu utilise la Force pour broyer sa cage thoracique. C'est à partir de là que Grievous est pris d'une toux incontrôlable. On peut alors en déduire que la toux que l'on entend à de nombreuses reprises dans *La Revanche des Sith* vient de cet affrontement.

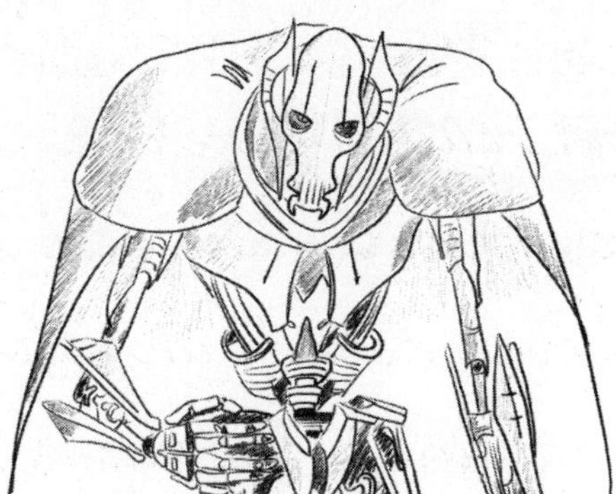

George Lucas a modifié la scène de la cantina de l'épisode IV, dans laquelle Han Solo tire sur Greedo sans sommation, pour donner aux enfants une meilleure image de son personnage dans la version remasterisée de 1997. Il a en effet ajouté un premier tir de Greedo pour donner l'impression que Han Solo ne faisait que se défendre. Cela a beaucoup déçu certains fans qui étaient attachés à la scène originale. Les critiques ont été si vives que George Lucas a remodifié ce passage dans l'édition de 2004 pour montrer les deux personnages tirant en même temps !

L'acteur jouant Greedo, Paul Blake, possède d'ailleurs un t-shirt sur lequel on peut lire « *Han shot first !* » (« *Han a tiré le premier !* »).

À LA FIN DU FILM *SOLO*, HAN SOLO N'ATTEND PAS QUE BECKETT DÉGAINE SON ARME POUR LUI TIRER DESSUS. IL S'AGIT D'UN CLIN D'ŒIL À LA POLÉMIQUE CITÉE PLUS HAUT QUI MONTRE AUX FANS DE 1977 QUE TOUT EST RENTRÉ DANS L'ORDRE !

Yoda n'était censé apparaître que dans un seul épisode ! À l'origine, il ne devait avoir qu'un rôle secondaire : celui de former Luke, c'est tout ! Il ne devait plus apparaître ensuite. George Lucas a cependant eu besoin de ce personnage pour dévoiler le secret qui concerne la filiation entre Dark Vador et Luke. C'est pour cela qu'on le retrouve dans l'épisode VI et dans la prélogie. Aujourd'hui, on ne peut imaginer *Star Wars* sans lui !

À la fin de Solo, le bandit Beckett parle « d'un gros bonnet qui monte un coup sur Tatooine » et propose à Han de le suivre pour y participer. On devine alors qu'il parle de Jabba le Hutt, pour qui Han travaillera par la suite.

Dans *Solo*, l'échange entre Han Solo et Lando Calrissian (« Je te hais. – Je sais »), est un clin d'œil aux célèbres répliques « Je t'aime. – Je sais » échangées entre Leia et Han Solo dans l'épisode VI, avant que ce dernier ne soit congelé dans la carbonite.

Les personnages de *Star Wars* écoutent eux aussi la musique des films. En effet, dans *Solo*, lorsque Han est sur le point de s'enrôler dans l'armée de l'Empire afin d'échapper à ses poursuivants, on le voit regarder une vidéo diffusée par l'Empire. Dans cette vidéo, on entend clairement la musique de John Williams *La Marche impériale* !

Aurra Sing est une chasseuse de primes qui évolue dans l'univers étendu de *Star Wars*. On l'aperçoit cependant quelques secondes dans l'épisode I, *La Menace fantôme*, lors de la course de modules : elle est sur un balcon et observe les vaisseaux en contre bas. Dans le film *Solo*, on découvre pour la première fois comment elle est morte. Après la première partie de Sabacc entre Han et Lando, ce dernier croise Beckett et lui dit :

« Thomas Beckett ! C'est toi qui as tué Aurra Sing !
– Poussé ! C'est la chute qui l'a tuée.
– T'as rendu un grand service à la galaxie ! Et à moi en particulier… J'avais une dette envers elle. »

TE SOUVIENS-TU DU PETIT DROÏDE GONK ? C'EST LUI QUI SE FAIT TORTURER ET CHAUFFER LES « PIEDS » À BLANC CHEZ JABBA LE HUTT DANS L'ÉPISODE VI, *LE RETOUR DU JEDI*. EH BIEN, ON LE REVOIT DANS UNE AUTRE MAUVAISE POSTURE DANS LE FILM *SOLO*, JUSTE AVANT QUE HAN NE RENCONTRE LANDO : IL EST CONTRAINT DE PARTICIPER À UN COMBAT CLANDESTIN ENTRE ROBOTS ET NE SE DÉBROUILLE PAS TRÈS BIEN ! CE DROÏDE N'A DÉCIDÉMENT PAS DE CHANCE…

ANTHONY DANIELS, L'ACTEUR QUI INTERPRÈTE C-3PO, EST LE SEUL À APPARAÎTRE DANS TOUS LES ÉPISODES DE *STAR WARS* ! IL FAIT EN EFFET UNE APPARITION DANS LE FILM *SOLO* SOUS LES TRAITS D'UN ESCLAVE HUMANOÏDE. L'ACTEUR KENNY BAKER, QUI JOUAIT R2-D2, EST MORT EN 2016. IL NE FIGURE DONC PAS DANS L'ÉPISODE VIII.

Dans *Solo*, on aperçoit, parmi les objets de décoration du *Faucon Millénium* (qui appartient encore à Lando), une maquette de la Cité des Nuages ! La fameuse cité (destination prisée des grosses fortunes galactiques) qu'il finira par construire et diriger et qu'on verra dans *L'Empire contre-attaque* !

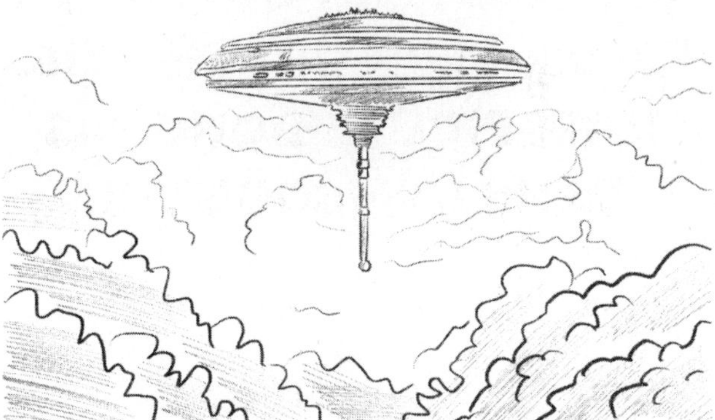

« Depuis quand tu sais piloter ?!
– Rooowwwoooo !
– T'as 190 ans !?! Tu les fais pas ! »
C'est par cet échange issu de *Solo*, qui se déroule donc une dizaine d'années avant la bataille de Yavin (an 1), que l'on découvre que Chewbacca est âgé de 200 ans dans *Un nouvel espoir* !

C'est l'haltérophile britannique David Prowse qui a enfilé le costume de Dark Vador dans la première trilogie. L'athlète a cependant été déçu qu'on ne l'avertisse pas que ni sa voix, ni son visage n'apparaîtraient dans les films. Il a en effet découvert plus tard que sa voix serait doublée par celle, plus profonde, de l'acteur James E. Jones et que, lorsque Vador enlèverait enfin son masque dans l'épisode VI, le visage serait celui de Sebastian Shaw !

La scène où Dark Vador enlève son masque dans l'épisode VI a été tournée très rapidement. L'acteur, Sebastian Shaw, n'y prononce que 24 mots à visage découvert. Il a reçu, pour cela, plus de courrier de fans que pour tout le reste de sa grande carrière !

Pour coller le plus possible au jeu d'Alec Guinness dans *Un nouvel espoir*, l'acteur d'Obi-Wan, Ewan McGregor regardait chaque matin toutes les scènes interprétées par Alec Guinness dans la première trilogie. Posture, manière de croiser les bras, accent, intonations : tout est repris fidèlement dans *La Revanche des Sith*. L'équipe chargée du maquillage et de la coiffure a aussi beaucoup travaillé pour reprendre de manière crédible la coupe de cheveux et la barbe de 1977 !

« Luke, je suis ton père. »
Dark Vador à Luke Skywalker

Cette célèbre réplique est ce qu'on appelle un effet Mandela (c'est-à-dire un « faux souvenir collectif »). La véritable phrase prononcée dans le film est : « Non, je suis ton père. »

La marionnette de Jabba le Hutt est la marionnette la plus chère du monde » (500 000 dollars). Il fallait au moins 7 personnes pour l'articuler dans la trilogie initiale ! Trois marionnettistes étaient à l'intérieur : l'un contrôlait le bras droit et la mâchoire, un autre la main gauche, la langue et les mouvements de tête, et un troisième la queue.

En dehors de la marionnette, il y avait une personne qui gérait les yeux téléguidés, une autre sous la scène qui soufflait la fumée de cigare, et une dernière qui s'occupait de simuler la respiration du personnage !

Onze acteurs différents ont joué le rôle de Dark Vador dans l'ensemble des épisodes.

Dans l'épisode VII, la scène où Han rencontre son fils sur le pont est la seule scène de ce film tournée sur un fond entièrement vert. J. J. Abrams n'avait en effet pas encore choisi de décor pour cette scène importante.

En 1976, lorsqu'on lui a proposé le rôle, l'acteur Kenny Baker (artiste de cirque et de cabaret) a refusé trois fois de jouer R2-D2 ! Il estimait que ce rôle n'était pas assez théâtral. Il trouvait de plus bizarre d'être coincé dans une boîte de conserve en mouvement. Il a cependant changé d'avis au fur et à mesure qu'il a découvert l'histoire et s'est attaché à ce personnage fort sympathique.

KENNY BAKER A AUSSI JOUÉ LE RÔLE D'UN EWOK DANS *LE RETOUR DU JEDI*. C'EST LE FAMEUX EWOK QUI VOLE UN MOTO-JET POUR FAIRE DIVERSION ET PERMETTRE AUX REBELLES D'ENTRER DANS LE BUNKER.

Kenny Baker mesurait 1,12 m. Bien que sa femme (qui a aussi joué un Ewok) et lui soient des personnes de petite taille, leurs deux fils n'ont pas hérité de ce caractère physique.

Dans la célèbre prison d'Alcatraz, lorsqu'un bouton est enclenché, toutes les portes se ferment avec un bruit très caractéristique. C'est ce bruit qu'a enregistré George Lucas directement dans la prison et qu'on entend lorsque les portes se ferment dans le croiseur interstellaire de Dark Vador !

Dans *Solo*, l'homme qui organise les combats de droïdes n'est autre que le frère de Ron Howard, le réalisateur.

Une mauvaise traduction française de l'épisode IV a transformé R2-D2 en D2-R2, C-3PO en Z-6PO, et Han Solo en Yan Solo.

C-3PO parle plus de trois millions de langues dans l'épisode II, puis plus de six millions à partir de l'épisode III !

Il était impossible pour Anthony Daniels, l'acteur à l'intérieur de C-3PO, de s'assoir avec son costume. Durant les pauses, les membres de l'équipe le soutenaient pour qu'il se repose. On peut dire que son rôle a été une réelle performance physique lorsqu'on imagine ce qu'il a dû endurer sous la structure métallique dans les divers lieux de tournage !

C'EST DANS L'UNIVERS ÉTENDU DES ROMANS QUE L'ON DÉCOUVRE QUE C-3PO, QUI AVAIT ÉTÉ ABANDONNÉ PAR LE JEUNE ANAKIN DANS L'ÉPISODE I LES CIRCUITS À L'AIR, A ÉTÉ TERMINÉ PAR LA MÈRE DE CE DERNIER, SHMI. C'EST ELLE QUI LUI A FOURNI SA CARCASSE MÉTALLIQUE.

C-3PO est traité comme un personnage masculin dans la saga *Star Wars*, pourtant, à l'origine, il était dessiné comme un personnage féminin.

On peut encore noter un raccord parfait au début de l'épisode VIII : lorsqu'on voit la main artificielle de Luke prendre le sabre laser que lui tend Rey, on voit la marque du coup de blaster qu'il a pris à cet endroit dans l'épisode VI lorsqu'il s'échappe de la barge de Jabba le Hutt.

Le duo que forment C-3PO et R2-D2 rappelle à certains le duo de Laurel et Hardy. Cependant, la véritable inspiration pour George Lucas furent Tahei et Matashichi, les deux paysans du film japonais d'Akira Kurosawa, *La Forteresse cachée.*

Encore aujourd'hui, de nombreux spectateurs réalisent que, dans la trilogie originale, C-3PO n'est pas totalement doré, mais possède en réalité une jambe argentée !

Lorsque Rey, dans l'épisode VII, verse un petit sachet de poudre dans un récipient contenant de l'eau et qu'une boule de pain se forme, ce n'est pas un trucage en images de synthèse ! L'effet a été obtenu grâce à un ballon de baudruche en forme de pain que l'on a entouré d'eau. Le ballon s'est gonflé pendant la scène et l'eau qui l'entourait a été aspirée, donnant l'impression d'un pain qui se forme comme par magie ! Les trucages à l'ancienne les plus simples sont parfois les meilleurs, même en 2019 !

En 1977, Mark Hamill, qui joue Luke, a eu un gros accident de voiture au début du tournage de l'épisode V, *L'Empire contre-attaque*, lui laissant des marques sur le visage. Il s'est fracturé le nez et les chirurgiens ont dû prendre du cartilage de son oreille pour le reconstruire. On a alors longtemps dit que la scène où Luke se fait attaquer par un Wampa des neiges avait été ajoutée par George Lucas pour expliquer ses cicatrices. Mais, en réalité, la scène était déjà prévue et tombait à pic pour expliquer ces balafres. Si cela n'avait pas été le cas, George Lucas aurait expliqué ces stigmates par les combats menés avec la Rébellion entre les épisodes IV et V.

L'ARMURE ARGENTÉE DU CAPITAINE PHASMA DANS LES ÉPISODES VII ET VIII A EN RÉALITÉ ÉTÉ PENSÉE POUR KYLO REN, QUI DEVAIT ÊTRE « LE SEIGNEUR DES STORMTROOPERS EN ARMURE D'ARGENT BRILLANTE ». LE RÉALISATEUR A FINALEMENT REJETÉ CETTE IDÉE, MAIS COMME LA PRODUCTRICE K. KENNEDY A, ELLE, ADORÉ LE COSTUME, IL A ÉTÉ RÉUTILISÉ POUR LE CAPITAINE PHASMA !

Dans les épisodes VII et VIII, on trouve le personnage du capitaine Phasma, commandante des légions de Stormtroopers. C'est la première femme Stormtrooper qu'on voit à l'écran, bien que son costume ait en réalité été pensé et dessiné pour un personnage masculin. Ce changement de casting a eu lieu trois semaines seulement avant le début du tournage ! L'actrice qui l'incarne, Gwendoline Christie, est alors devenue la deuxième méchante de *Star Wars*, après la changeante Zam Wesell, arrêtée par Anakin et Obi-Wan dans l'épisode II.

Dans l'épisode VII, au début du film, lorsque Poe Dameron tombe à genoux devant Kylo Ren, il a en réalité totalement improvisé sa fameuse réplique humoristique : « Alors qui commence ? C'est vous où c'est moi qui parle ? »

LE MOT *JEDI* VIENT DU JAPONAIS, *JIDAI GEKI*, QUI DÉSIGNE UN GENRE THÉÂTRAL, CINÉMATOGRAPHIQUE ET TÉLÉVISUEL JAPONAIS CONSACRÉ À L'ÉPOQUE DES SAMOURAÏS.

Yoda est mort à 900 ans ! C'était l'être le plus vieux de la saga jusqu'à ce que Maz Kanata, pirate qui possède une taverne sur la planète Takodana, ne soit introduite dans l'épisode VII : elle est âgée de 1 000 ans !

À l'origine, les trois épisodes de la première trilogie n'étaient qu'un seul film avec un seul scénario. George Lucas a en effet présenté un scénario de 200 pages, alors que la moyenne varie de 95 à 125 pages. C'est pourquoi il a été obligé de couper les deux derniers actes, qui sont devenus, après étoffement, *L'Empire contre-attaque* et *Le Retour du Jedi*.

On a estimé le coût réel que demanderait la combinaison de Dark Vador si elle existait dans la réalité : si on compte une combinaison spatiale de la NASA, un casque F-35, un synthétiseur vocal haut de gamme ainsi que d'autres instruments de haute technologie, on arrive à un budget de 18,3 millions de dollars !

Les clins d'œil à *Indiana Jones* dans *Star Wars* sont nombreux et parfois subtils. Dans l'épisode VII, *Le Réveil de la Force*, lorsque Han et Chewbacca sont poursuivis par un Rathtar (alien tentaculaire) dans un couloir de leur vaisseau, l'ingénieur du son a utilisé le même effet que celui de la boule à laquelle échappe Indiana Jones après avoir récupéré l'idole dans le temple au début des *Aventuriers de l'arche perdue* !

Alec Guinness, l'acteur d'Obi-Wan Kenobi dans la trilogie originale, a qualifié l'épisode IV de « niaiserie de conte de fées » et ne voulait rien avoir à faire avec la suite... George Lucas l'a tout de même convaincu de participer à *L'Empire contre-attaque*, en lui assurant qu'il ne serait que la version « fantomatique » d'Obi-Wan. L'acteur a accepté à condition de ne tourner tout cela qu'en une journée ! Il a donc joué ses scènes de 8 h 30 du matin à 13 heures, et ces 4 h 30 de travail lui ont rapporté des millions de dollars...

Lorsque le *Faucon Millénium* fonce au travers d'une ceinture d'astéroïdes dans *L'Empire contre-attaque*, certains astéroïdes sont tout simplement des patates peintes au pistolet !

Han Solo est le premier à brandir un sabre laser alors qu'il ne fait partie ni des Jedi, ni des Sith. On le voit dans l'épisode V, lorsqu'il utilise celui de Luke pour ouvrir le ventre d'un Tauntaun mort pour se réchauffer. Ensuite, on verra dans l'épisode III le général Grievous en manier quatre à la fois, et dans l'épisode VII, Finn manie celui de Luke Skywalker !

En 1983, sur le parking du cinéma Glenwood Theatre à Overland Park, un adolescent a réussi à voler une copie du *Retour du Jedi* à un projectionniste. Il comptait le revendre au marché noir. Après une opération d'infiltration dans le milieu du marché noir, il fut arrêté et condamné à 5 ans de probation et à 120 heures de service communautaire.

Les fameuses répliques entre Leia et Han Solo, avant que ce dernier ne soit figé dans la carbonite (« Je t'aime. — Je sais »), n'avaient pas du tout été écrites comme cela ! Han devait répondre : « Je vous aime aussi ! » Seulement, au moment du tournage, l'équipe a pensé que cette réplique de Han sonnait mal pour un brigand

charmeur comme lui.
L'acteur a donc improvisé et cette réplique est devenue l'une des plus célèbres du cinéma !

Avant le tournage de la scène mythique avec Luke et Dark Vador, seules trois personnes savaient que Dark Vador était le père de Luke : les réalisateurs George Lucas et Irvin Kershner et le producteur Gary Kurtz. Mark Hamill lui-même ne l'a appris que quelques instants avant la première prise de la célèbre scène ! Une fausse page était insérée dans tous les scripts et le dialogue qui figurait dessus

indiquait que Vador devait dire « Obi-Wan a tué ton père » !
Le pire dans cette histoire, c'est que l'acteur incarnant Dark Vador a bien prononcé « Obi-Wan a tué ton père » durant le tournage final, car il a appris son script sans savoir qu'il était faux. La bonne réplique a été enregistrée en postproduction avec James E. Jones, la voix de Vador !

EN 1998, LA BANDE-ANNONCE DE *LA MENACE FANTÔME* ÉTAIT PROJETÉE EN AVANT-PREMIÈRE DANS LES CINÉMAS JUSTE AVANT LE FILM *RENCONTRE AVEC JOE BLACK*, AVEC BRAD PITT. BEAUCOUP DE FANS ONT ALORS ACHETÉ DES BILLETS POUR ALLER VOIR CE FILM ET ONT QUITTÉ LA SALLE JUSTE APRÈS AVOIR VU LA BANDE-ANNONCE.

La majorité des Stormtroopers sont gauchers ! Leurs pistolets sont calqués sur le Sterling L2A3, 9 mm SMG, une arme militaire des années 1950 dont le chargeur est situé à gauche. S'ils tiennent leur arme de la main droite, le chargeur cogne leur armure quand ils courent !

Dans la trilogie initiale, pour créer l'effet visuel du sabre laser qui vole à travers la pièce pour rejoindre la main de Luke, on a passé la scène à l'envers en postproduction : lors du tournage, l'acteur a simplement lancé son sabre laser au sol !

DANS *SOLO*, LA CAPE QU'ESSAYE KIRA DANS LA PENDERIE DU *FAUCON MILLÉNIUM* DE LANDO EST LA CAPE BLEUE QUE CE DERNIER PORTE DANS *L'EMPIRE CONTRE-ATTAQUE*.

James Earl Jones, la voix de Dark Vador, était si convaincu que l'épisode IV serait un échec qu'il a demandé à ce que son nom n'apparaisse pas dans les crédits…
Il a bien sûr changé d'avis pour l'épisode V et son nom a été ajouté plus tard dans les éditions révisées de l'épisode IV.

Dans l'épisode I, *La Menace fantôme*, la reine Amidala utilise une de ses suivantes comme leurre. Celle qui joue ce rôle à l'écran est Keira Knightley (connue entre autres pour son rôle dans *Pirates des Caraïbes*), âgée de 12 ans au moment du tournage !

Durant la grande première de *Star Wars* aux États-Unis en 1977, pour l'épisode IV, George Lucas et Steven Spielberg étaient absents de la salle de cinéma où était projeté le film… ils étaient en vacances à Hawaï. C'est d'ailleurs là-bas qu'ils ont eu l'idée des *Aventuriers de l'arche perdue*.

Dans un des premiers scripts de l'épisode VI, *Le Retour du Jedi*, Obi-Wan Kenobi et Yoda étaient censés quitter la Force et retrouver leurs corps physiques afin d'aider Luke dans son combat contre Dark Vador. Ils sont finalement seulement apparus lors de la célébration finale sur Endor.

Le nom du personnage de R2-D2 a été trouvé sur le plateau de tournage d'un film qui n'avait rien à voir avec Star Wars. Un membre de l'équipe du film a demandé à récupérer une certaine bobine : la bobine n° 2 de la deuxième piste de dialogue. Ce qui, en anglais, donne « Reel 2, Dialog 2 », soit R2-D2 ! C'est ainsi qu'est né le nom du célèbre droïde !

Selon une étude menée par des psychiatres, le personnage d'Anakin Skywalker présente dans les épisodes II et III de la prélogie plusieurs symptômes du « trouble de la personnalité limite » (TPL). C'est un trouble de la personnalité caractérisé par une forte instabilité des émotions et de l'image de soi. La personnalité d'Anakin correspond à six des neufs critères de ce trouble, alors que cinq suffisent pour considérer qu'on en souffre. Selon les auteurs de l'étude, l'analyse du personnage au travers des films pourrait même se révéler utile dans l'enseignement des symptômes de ce trouble aux étudiants en psychiatrie, le personnage faisant partie de leur culture.

De plus, les chercheurs pensent que ces caractéristiques du personnage d'Anakin rendraient ce dernier plus attachant auprès des adolescents qui possèdent souvent quelques-uns des symptômes du TPL.

Daisy Ridley (Rey) a amené son père en Irlande sur le plateau de tournage de la scène finale de l'épisode VII. Heureuse d'avoir son père à ses côtés, elle lui a présenté l'équipe et, lorsque son père a rencontré le célèbre Mark Hamill (Luke), il lui a demandé : « Et vous, vous jouez qui alors ? »

Le « cri Wilhelm », son très connu d'un cri humain, a été utilisé dans tous les *Star Wars* et est progressivement devenu un clin d'œil très répandu dans le cinéma !
Dans l'épisode IV par exemple, on l'entend lorsque Luke et Leia sont coincés devant une porte sans passerelle et que les Stormtroopers leur tirent dessus en contre-plongée. Luke en touche un qui tombe en poussant ce cri !

L'acteur Alec Guinness (Obi-Wan) a reçu d'innombrables lettres de fans lui demandant de l'aide pour résoudre leurs problèmes grâce à « sa sagesse » ! Une femme de Los Angeles lui a même écrit pour qu'il vienne vivre avec elle et son mari pour sauver leur mariage...

Le brouhaha qu'on entend dans la scène de la cantina de l'épisode IV a été créé de manière assez originale : on a enregistré les délires des membres de l'équipe du film après qu'ils avaient ingéré une dose d'hélium chacun !

Dans le script de la trilogie originale, R2-D2 utilisait un langage grossier avec C-3PO. Pour éviter la censure, George Lucas a fait enlever ses répliques et les a remplacées par les *bip* que nous connaissons. Ces sons font référence aux *bip* de censure de la télévision américaine. Par contre, les réactions outrées de C-3PO ont été conservées, ce qui explique pourquoi il est toujours choqué lorsque R2-D2 s'adresse à lui !

Dans *Solo*, l'intérieur du costume de Chewbacca a été fait en matériaux bien plus modernes que le costume original, mais la fourrure est toujours la même : des poils de yak et de mohair (une laine fabriquée à partir de la toison de la chèvre angora) noués entre eux.

Sur le tournage de *Solo*, pour que Chewbacca puisse nettoyer son costume alors que ce dernier ne rentrait dans aucune douche portative, l'équipe technique a fabriqué le « Wookiee Wash » : une douche géante placée au-dessus d'une pataugeoire !

ON N'Y PENSE PAS FORCÉMENT EN LE VOYANT MAIS, DANS L'ÉPISODE III, LORSQUE LE CORPS DE PADMÉ DÉFILE APRÈS SA MORT, ON PEUT REMARQUER QU'ELLE A TOUJOURS UN VENTRE DE FEMME ENCEINTE. CE SUBTERFUGE A ÉTÉ UTILISÉ POUR GARDER L'EXISTENCE DE LEIA ET LUKE SECRÈTE.

L'acteur qui incarne C-3PO, Anthony Daniels, engagé pour sa silhouette svelte et ses talents de mime, devait avoir une doublure voix. Mais il a tant insisté auprès de George Lucas pour garder la sienne que ce dernier a accepté ! Finalement, son timbre de voix si particulier est devenu culte ! L'acteur a lui-même qualifié sa voix de « voix d'un majordome britannique zélé ».

Dans l'épisode I, on peut voir le célèbre vaisseau de *Star Trek* : l'*Enterprise*. On l'aperçoit en effet voler parmi les vaisseaux de Coruscant durant la conversation entre Amidala et Palpatine, lorsque ce dernier vient lui annoncer qu'il est pressenti pour devenir chancelier. Il apparaît une fois derrière Amidala et une fois derrière Jar Jar Binks.

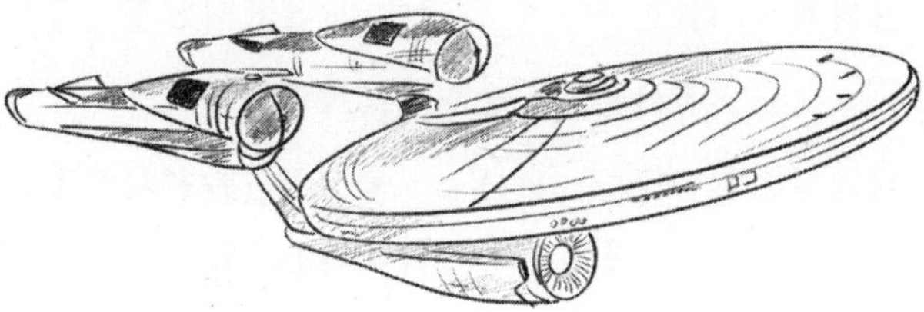

Anthony Daniels a joué le rôle de C-3PO dans tous les *Stars Wars* sauf *Solo*. Il apparaît trois fois à visage découvert dans la saga : dans l'épisode II, lorsque Anakin et Obi-Wan sont dans un bar pour traquer Zam Wesell la changeante, l'homme qui se retourne lorsqu'Obi-Wan coupe le bras de la chasseuse de prime est Anthony Daniels, qui interprète un officier nommé « Dannl Faytonni ». Cet officier apparaît aussi dans l'épisode III, il assiste au même opéra que le chancelier Palpatine. Enfin, dans *Solo*, Anthony Daniels interprète l'ami humain, Tak, du Wookiee Sagwa. On voit Tak appeler Chewbacca pour lui dire adieu.

L'interprète de Jar Jar Binks, Ahmed Best, fait une apparition physique dans l'épisode I. On le voit à la fin de l'épisode, lorsque Palpatine félicite Anakin et lui dit : « Nous suivrons ta carrière avec grand intérêt ». Ahmed Best se situe derrière eux sous les traits d'un Jedi.

Puis, dans l'épisode II, *L'Attaque des clones*, il est lui aussi dans le bar dans lequel apparaît Anthony Daniels. Il incarne un collègue de Dannl Faytonni, et a lui aussi son nom transformé à la sauce *Star Wars* : Ahmed Best est devenu Achk Med-Beq.

De nombreux pigeons occupaient le toit du plateau 5, sur lequel ont été tournées certaines des scènes de l'épisode VI. Tous les dialogues ont dû être réenregistrés en post production car la bande son était inutilisable : on les entendait roucouler dans toutes les scènes !

Pour la bataille sur la planète Hoth dans l'épisode V, 35 des figurants étaient en réalité des secouristes de haute montagne. Ils ont été coincés deux fois par le blizzard. Une fois ils s'en sont sortis en construisant un igloo, et une autre fois en creusant un trou d'1 m 80 de profondeur dans le sol. Pour les remercier, un don a été fait à la Croix-Rouge norvégienne par l'équipe du film.

Lorsque l'équipe est arrivée en Norvège pour tourner les scènes de neige de l'épisode V, la région a été frappée de la pire tempête des 50 dernières années !
Il faisait si froid (5,5 m de neige et - 30 °C) que, pour certaines scènes, le cameraman glissait sa caméra dans l'embrasure de la porte de l'hôtel, ses techniciens restaient derrière lui, et les acteurs jouaient quelques mètres devant !
La scène où Luke fuit de la grotte du Wampa est un de ces plans.

Le mot « Ewok », désignant l'espèce vivant sur la lune forestière de la planète Endor, n'est jamais prononcé dans la trilogie originale ! Ce nom est pourtant bien utilisé dans le script et dans le générique de fin du film. Pour trouver ce nom, George Lucas a simplement inversé les syllabes de « Wookiee », une autre espèce fictive qu'il a inventée et dont fait partie le célèbre Chewbacca !

LE MOT « WOOKIEE » VIENT D'UNE ONOMATOPÉE LÂCHÉE PAR UN COMÉDIEN PAR ACCIDENT LORS DE L'ENREGISTREMENT DE VOIX EN POST-PRODUCTION SUR UN AUTRE FILM DE GEORGE LUCAS.

Unkar Plutt est le ferrailleur de la planète Jakku dans l'épisode VII, *Le Réveil de la Force*. L'acteur qui se cache sous son costume n'est autre que Simon Pegg, célèbre pour son rôle dans *Star Trek* !

Sur le tournage de l'épisode IV, George Lucas n'était pas très expressif avec les acteurs. Il ne leur donnait que des indications sommaires comme « plus vite », « moins vite »... Le jour où il a eu une extinction de voix, on lui a donné deux tablettes sur lesquelles ces deux phrases étaient écrites !

Pour les scènes de l'épisode V où on voit Luke s'entraîner avec Yoda, Mark Hamill a dû longtemps courir sur un tapis roulant devant un fond bleu. Il a tellement couru que George Lucas l'a surnommé « Mark Hamster » !

Kenny Baker, l'acteur interprétant R2-D2, a raconté que, sur le tournage de l'épisode IV, lorsque l'équipe quittait le plateau pour aller déjeuner, il arrivait parfois qu'ils oublient qu'il était dans le petit droïde et le laissent derrière eux…

George Lucas approuvait le travail de ses concepteurs et designers en apposant sur les dossiers un tampon « OK » ou « Fabulouso ». Le second était signe qu'il n'y avait rien à changer... et c'était très rare !

Un membre de l'équipe du film a calculé que chaque minute de tournage de l'épisode III a coûté 333 dollars.

L'ÉPISODE III EST
LE PREMIER DES FILMS
DE LA SAGA *STAR WARS*
À NE PAS ÊTRE SORTI
EN VHS AUX ÉTATS-UNIS.
EST-CE UN PROBLÈME ?
POUR LES PURISTES,
COLLECTIONNEURS
DE TOUTES LES VERSIONS
DES FILMS, CELA A ÉTÉ
VU COMME UN SCANDALE !

**LA PROTHÈSE
AYANT SERVI À REMPLACER
LA MAIN DE LUKE, COUPÉE
PAR DARK VADOR,
A ÉTÉ VENDUE SUR EBAY
20 000 DOLLARS !**

Le plus célèbre des agents secrets est aussi présent dans l'épisode VII, *Le Réveil de la Force*. L'acteur, Daniel Craig (James Bond), joue un Stormtrooper : le soldat de l'Empire contrôlé par Rey lorsqu'elle est capturée par Kylo Ren. Lorsque Rey utilise la Force pour se libérer du fauteuil d'interrogatoire de Kylo Ren, c'est Daniel Craig qui est le Stormtrooper qui la laisse sortir. Et le nom de code de ce Stormtrooper crédité au générique est tout naturellement : JB 007.

Le basic, ou basique, est une langue imaginaire de l'univers *Star Wars*. L'alphabet de cette langue est appelé « Aurebesh », nom formé à partir des deux premières lettres de cet alphabet, Aurek (A) et Besh (B). Il est apparu pour la première fois dans *Le Retour du Jedi*.

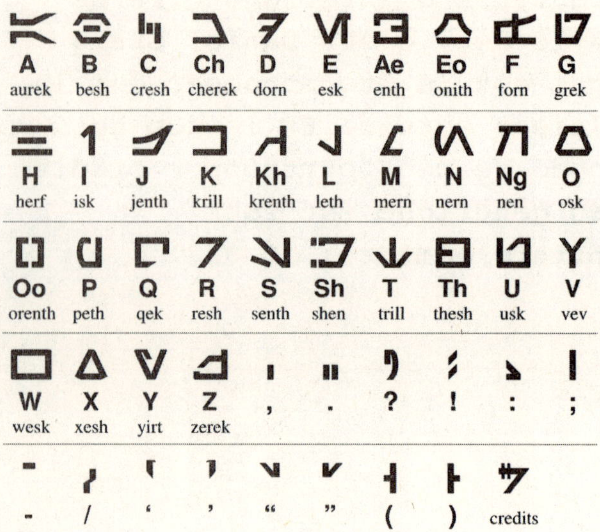

L'inscription visible sur le cristal de Jyn, dans *Rogue One*, est écrit dans la langue Aurebesh de *Star Wars* et se traduit par « Crois en la Force ».

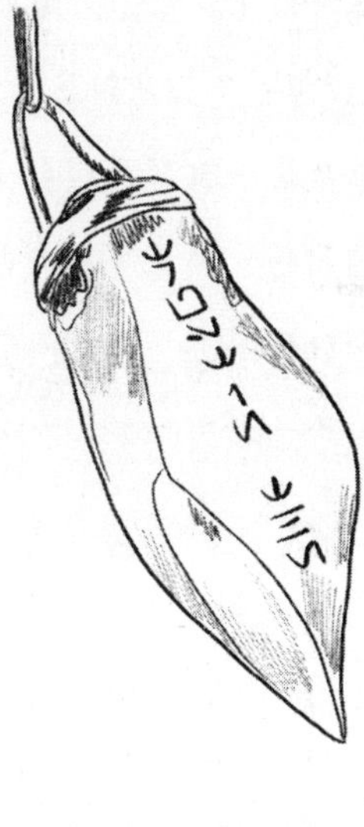

Lorsque les rebelles arrivent sur la planète Scarif, ils sont autorisés à se poser au port SW0608, ce qui correspond à : SW pour *Star Wars*, 06 pour le nombre d'individus composant l'équipe de *Rogue One* dans le film et 08 car *Rogue One* est le 8e long-métrage de la saga sorti au cinéma.

En 2012, le 14 novembre, un citoyen américain a lancé une pétition pour la construction d'une Étoile de la Mort. Après avoir recueilli le nombre nécessaire de signatures pour la présenter officiellement à la Maison-Blanche, cette dernière a refusé le projet. Le conseiller pour la science et l'espace du président Barack Obama, Paul Shawcross, a répondu avec humour que le coût de sa construction s'élèverait à plus de 850 millions de milliards de dollars, ce qui n'était donc pas envisageable en raison du déficit des États-Unis !

Des étudiants de l'université Lehigh ont quant à eux calculé qu'il faudrait 833 milliers d'années pour construire l'Étoile de la Mort !

Le sifflet si caractéristique de R2-D2 a été produit de façon à donner un côté petit et mignon au robot. Pour cela, l'ingénieur du son s'est mis dans la peau d'un bébé et s'est enregistré en train de parler et crier comme un enfant en bas âge. Il a ensuite transformé ces enregistrements en sons synthétiques.

Certains bruitages ont été enregistrés dans la cave de Ben Burtt, le designer sonore de la saga. Dans quelques passages des films, on entend les pas des gens qui marchent à l'étage, des bruits d'ouverture et fermeture de frigo, et même des bruits d'assiettes !

Afin de donner un caractère sonore bien différent à chaque véhicule lors de la course de modules dans l'épisode I, des objets inattendus ont été utilisé comme un rasoir électrique ou encore une brosse à dents électrique !

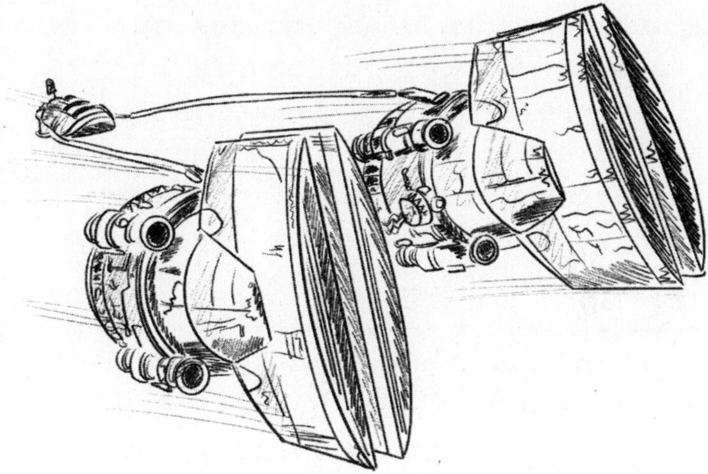

Le bruit « seismic charge » (« décharge sonique » en français) a été créé par l'ingénieur du son Ben Burtt. Ce dernier n'a jamais voulu dévoiler son secret en expliquant comment il avait fait. On entend ce son dans l'épisode II, lorsqu'Obi-Wan poursuit Jango Fett à travers une ceinture d'astéroïdes et que ce dernier lui envoie la fameuse décharge. Au moment où elle explose, le spectateur n'entend absolument rien, puis, le son arrive avec le souffle de l'explosion. L'effet est remarquable ! Burtt avait déjà proposé ce bruitage subtil à George Lucas dans la trilogie initiale, mais le réalisateur avait refusé. C'est 20 ans plus tard qu'il a finalement été utilisé. Lorsque les ingénieurs du son ont mixé le film, ils ont cru à une erreur lorsqu'ils ont vu pour la première fois l'explosion sans bruit. Cet effet est aujourd'hui un des plus spectaculaires.

Dans l'épisode I, les bruits de monstres marins ont été réalisés grâce aux pleurs de la fille de trois ans d'un des ingénieurs du son ! La fréquence de ses pleurs a été réduite pour donner les grondements entendus dans le film.

DANS LA TRILOGIE INITIALE, LES VOIX DES EXTRATERRESTRES ONT ÉTÉ CRÉÉES DE DIFFÉRENTES FAÇONS PLUS OU MOINS FARFELUES. L'UNE D'ELLES A ÉTÉ TROUVÉE PAR BEN BURTT DANS UN MAGASIN : IL A ENTENDU UNE FEMME PARLER À UN VENDEUR AVEC UN TIMBRE DE VOIX SI PARTICULIER QU'IL LUI A PROPOSÉ DE DEVENIR LA VOIX D'UNE EXTRATERRESTRE DU FILM !

Ben Burtt a enregistré un rot de son fils en bas âge pour le transformer en cri d'un monstre marin ! On l'entend dans l'épisode I, après environ 20 minutes de film, lorsque le vaisseau sous-marin que pilote Obi-Wan manque de se faire avaler !

Dans les épisodes I et II, Watto, le ferrailleur qui possédait Anakin et sa mère comme esclaves, est constamment en train de voler ! Le script explique que c'est parce qu'il est estropié. En effet, si on observe ses jambes, on se rend compte qu'un pied est plus long que l'autre.

L'équipe technique donnait souvent des coups de pied et faisait rouler R2-D2 sur le sol afin de lui donner un côté plus authentique !

Lors de la réalisation de l'épisode IV, George Lucas pestait contre les agents de nettoyage qui ne pouvaient s'empêcher de toujours tout nettoyer après les scènes alors que lui voulait justement laisser les plateaux prendre la poussière pour donner un effet plus réaliste !

Dans l'épisode IV, tourné en 1977, C-3PO marche à travers le désert et passe à côté d'un immense squelette de dragon Krayt. Ce squelette artificiel créé par l'équipe était toujours là, dans le désert en Tunisie, lorsqu'ils sont revenus en 2002 tourner l'épisode II !

LES DIRECTEURS DE STUDIO N'ÉTAIENT PAS EMBALLÉS PAR L'IDÉE QUE, MÊME SI C'ÉTAIT CENSÉ ÊTRE UN ANIMAL, CHEWBACCA SOIT « NU » À L'ÉCRAN ! ILS ONT MÊME TENTÉ DE LUI FAIRE PORTER UN SHORT PAR-DESSUS SON COSTUME !

Mark Hamill (Luke) avait 63 ans lors du tournage de l'épisode VII, *Le Réveil de la Force*, soit le même âge qu'Alec Guinness (Obi-Wan) dans l'épisode IV, 40 ans plus tôt.

Le monteur sonore, David Acord, a expliqué que le bruit le plus insolite qui ait été utilisé pour composer les sons de l'épisode VII, *Le Réveil de la Force*, vient d'un... matou ! Le grondement que l'on entend lorsque Kylo Ren utilise la Force, qui est vraiment fort et bestial, a été créé à partir du ronronnement de son chat.

L'attaque de la tranchée de l'Étoile de la Mort dans l'épisode IV a été inspirée à George Lucas par les missions de démolition des barrages de la RAF durant la Seconde Guerre mondiale.

JOHN KNOLL, LE SUPERVISEUR DES EFFETS SPÉCIAUX DE L'ÉPISODE IV, EST AUSSI LE COCRÉATEUR DU LOGICIEL PHOTOSHOP !

PETER MAYHEW (CHEWBACCA DANS LA TRILOGIE INITIALE) ÉTAIT EN FAUTEUIL ROULANT DEPUIS 2011 À CAUSE DE SON ÂGE ET DE SA TAILLE IMMENSE. MAIS LORSQU'IL A SU QUE CHEWBACCA REVENAIT DANS L'ÉPISODE VII, IL A SUBI UNE DOUBLE OPÉRATION DU GENOU EN 2013 POUR REPRENDRE SON RÔLE FÉTICHE ! IL N'A CEPENDANT JOUÉ QUE LES SCÈNES QUI N'ÉTAIENT

PAS TROP INTENSES PHYSIQUEMENT, LES AUTRES ÉTANT INTERPRÉTÉES PAR LE BASKETTEUR JOONAS SUOTAMO.
PETER MAYHEW EST MORT EN 2019.

Sur l'Étoile de la Mort, où se déroule la course poursuite de l'épisode IV, lorsque Luke la détruit ? Dans la fameuse tranchée du milieu ? Eh bien non ! Beaucoup de fans commettent cette erreur ! La course poursuite se passe en réalité dans une tranchée plus petite : la longitudinale qui va du nord au sud. C'est d'ailleurs ce que montre le général Juan Dodonna sur son écran lors de la réunion préparatoire.

LORSQUE MARK HAMILL (LUKE) A LU LE SCÉNARIO DE *STAR WARS* POUR LA PREMIÈRE FOIS, IL A CRU QU'IL ALLAIT JOUER DANS UN FILM PARODIQUE…

Lors du tournage des scènes dans les forêts du Nord de la Californie, lieu choisi pour la lune d'Endor, l'acteur Peter Mayhew (Chewbacca) devait toujours être accompagné de personnes portant des gilets aux couleurs vives lorsqu'il avait son costume, pour qu'il ne soit pas pris pour un « bigfoot » par les chasseurs !

À la fin de l'épisode VII, après la mort de Han Solo, Chewbacca et Rey croisent Leia. Cette dernière passe à côté de Chewbacca presque sans le voir et va embrasser Rey. Cette scène a déconcerté les fans qui n'ont pas compris pourquoi, après la longue histoire d'amitié entre Leia, Han et Chewbacca, Leia ne s'adresse pas au Wookiee.
J. J. Abrams s'est excusé pour cette maladresse.
Chewbacca aura droit à son câlin avec Leia dans l'épisode suivant, à la fin du film, une fois que la Résistance est à bord du *Faucon*.

LE NOM DE JAR JAR BINKS A ÉTÉ INVENTÉ PAR UN DES ENFANTS DE GEORGE LUCAS !

Dans l'écriture du scénario, George Lucas a expliqué s'être inspiré de ce qui est arrivé avec Jules César, Napoléon Ier, et Adolf Hitler pour décrire l'ascension progressive de Palpatine et la transition de la République à l'Empire.

Ron Howard a remplacé les premiers réalisateurs de *Solo* en cours de film. Il n'a gardé que très peu de scènes déjà tournées et a recommencé 80 % du film ! On peut donc supposer qu'il existe une toute autre version de *Solo* et qu'on ne la verra jamais.

Contrairement à Mark Hamill (Luke) et Carrie Fisher (Leia) qui ont signé pour les trois volets de la trilogie, Harrison Ford ne s'est engagé que pour un film à la fois. Il demandait même à George Lucas de faire mourir son personnage, Han Solo.

Le premier costume de Boba Fett possédait un super gadget au poignet : un lance-flamme ! Mais cet accessoire a été abandonné très vite car l'acteur a mis le feu à la manche dès le premier essai !

Le costume de Chewbacca a pris feu deux fois durant le tournage de la trilogie initiale !
Une fois sur la barge de Jabba le Hutt à cause d'une explosion, et une autre fois dans le cockpit de la navette allant sur Endor : il était trop près d'un spot !

Sur le tournage en Norvège, les cantinières norvégiennes affrontaient le froid et la neige à ski tous les jours pour apporter, depuis l'hôtel, de la nourriture sur le lieu de tournage. Elles mettaient tout cela dans des thermos mais dès qu'elles servaient la nourriture, tout gelait !

Le 28 novembre 2014, le premier teaser du *Réveil de la Force*, d'une durée de 88 secondes, a été diffusé sur Internet et a été vu 58,2 millions de fois en 24 heures !
Le deuxième teaser a été mis en ligne le 16 avril 2015 et a été visionné 88 millions de fois en 24 heures.
Enfin, la bande-annonce officielle est sortie le 19 octobre 2015, et a été vue 128 millions de fois en 24 heures !

Lucasfilm a fait parvenir une copie de l'épisode VII, *Le Réveil de la Force*, aux astronautes de la Station Spatiale Internationale qui l'ont alors vu dans l'espace !

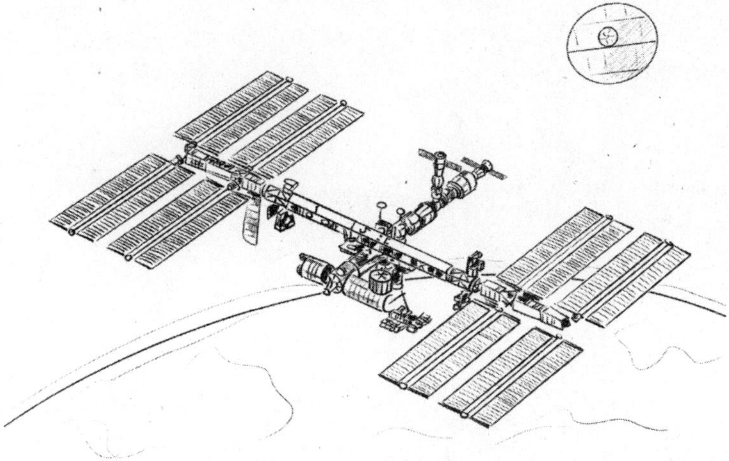

Dans l'épisode VII, *Le Réveil de la Force*, le général Cypress, membre de la Résistance, est interprété par Gerry Abrams, le père du réalisateur J. J. Abrams. On le voit sur la gauche, lorsque C-3PO dit que les pilotes de la Résistance « ont besoin d'un miracle ».

Les épisodes VII et VIII ont été tournés sur l'île Skellig Michael, en Irlande, protégée par l'UNESCO. L'équipe de tournage a donc dû respecter de nombreuses restrictions : atterrissages limités des hélicoptères, pas plus de 180 personnes sur l'île, le survol de l'île en hélicoptère limité à 3 minutes à la fois et pas plus de 45 minutes en tout par jour, aucune présence sur l'île avant 7 heures du matin et après 20 heures... Seules 15 personnes ont pu rester exceptionnellement jusque 21 heures pour des prises de vues nocturnes.

Pour l'épisode VIII, les pages
de scénarios étaient toutes écrites
en rouge sur du papier noir !
Pourquoi ? Pour rendre impossible
toute photocopie (mais elles étaient
aussi du coup très difficile à lire) !
En 1979 déjà, un mémo circulait chez
ILM (Industrial Light & Magic) :
« Ne jetez aucune pellicule dans
les bennes à ordures à l'extérieur,
il y a des gens qui font les poubelles
pour les récupérer. »

C'est grâce aux suggestions de John Lasseter, directeur des studios Pixar et fan de BB-8, que J. J. Abrams a ajouté des effets comiques à son droïde, notamment le mignon « pouce levé » !

Les Jawas, créatures vivant sur la planète Tatooine et qui vendent les deux droïdes R2-D2 et C-3PO à l'oncle de Luke dans l'épisode IV, portent ce nom en hommage au docteur de la famille George Lucas, le docteur Jawa.

ON NE SAIT TOUJOURS PAS VRAIMENT D'OÙ VIENT LE NOM YODA, MAIS IL POURRAIT PROVENIR DE L'HÉBREU *YODEA* SIGNIFIANT « CELUI QUI SAIT ».

L'extermination des Jedi débutants dans l'épisode III a été inspirée par les événements de la nuit des Longs Couteaux. Palpatine a convaincu le peuple de la République que les Jedi étaient des fauteurs de trouble, responsables de la prolongation de la guerre des Clones. Les Jedi ont donc été haïs et des primes ont été promises pour leur mort. Ce massacre rappelle celui qui a eu lieu dans l'Allemagne nazie dans la nuit du 30 juin 1934, quand Adolf Hitler, poussé par Göring et Himmler, a commandité des assassinats destinés à consolider son pouvoir en Allemagne.

Le jediisme est un mouvement religieux non-théiste et non-organisé basé sur les enseignements des Jedi ! D'après différents recensements dans les pays anglophones, 500 000 personnes ont indiqué que leur religion était le jediisme. Certains y adhèrent de façon sérieuse, et d'autres de façon ironique. Il existe même trois temples Jedi enregistrés officiellement aux USA et au Royaume-Uni.

La scène où R2-D2 est recraché par une créature des marais, sur Dagobah, a été tournée dans la piscine de George Lucas !

Dans *Solo*, on peut voir parmi la collection d'objets insolites de Dryden Vos, dans son vaisseau yacht, la statuette en or de la première séquence des *Aventuriers de l'arche perdue.*

Pour l'épisode II, Natalie Portman (Padmé) avait tous ses costumes très bien organisés et numérotés de P-1 à P-19. Carrie Fisher (Leia) n'avait en tout et pour tout que deux costumes pour l'épisode IV, ainsi que… de l'adhésif en guise de soutien-gorge ! Car, selon George Lucas, les sous-vêtements n'existent pas, dans cette galaxie lointaine, très lointaine.

Les créateurs d'effets visuels de *Blade Runner* avaient glissé un *Faucon Millénium* dans le décor du film, on l'aperçoit transformé en bâtiment. Pour rendre le clin d'œil, les techniciens d'ILM ont mis deux Spinners, des voitures volantes visibles dans *Blade Runner*, parmi les véhicules de l'épisode I de *Star Wars*.

Le visage de Han Solo que l'on voit bien dans la plaque de carbonite dans les épisodes V et VI est bien moulé sur celui d'Harrison Ford, mais les mains et le corps appartiennent à une doublure restée anonyme.

Lors de la course de modules dans l'épisode I, les plus observateurs remarqueront que le véhicule de Sebulba n'est piloté par personne sur un des plans. Les techniciens ont avoué avoir oublié de mettre le personnage sur une séquence.

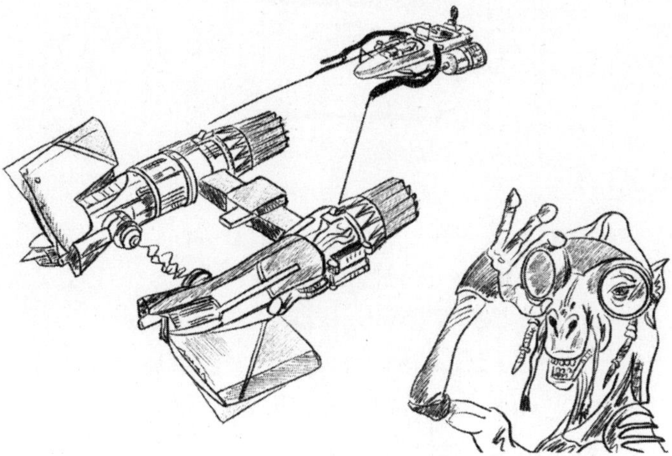

POUR L'ÉPISODE III, LES TECHNICIENS ONT DÛ EFFACER IMAGE PAR IMAGE TOUS LES REFLETS DES FONDS VERTS QUI SE RÉFLÉCHISSAIENT SUR L'ARMURE BRILLANTE DE C-3PO !

Quand il était jeune, le comédien Ian McDiarmid a interprété l'Empereur dans l'épisode VI en vieillissant ses traits, et il a repris ce rôle une nouvelle fois dans la prélogie, tournée des années plus tard, en rajeunissant ses traits.

La scène où Luke se fait assommer par les Hommes des Sables dans l'épisode IV se déroule dans un canyon désertique en Tunisie. George Lucas s'est servi du même lieu pour le tournage des *Aventuriers de l'Arche perdue* trois ans plus tard, dans la scène où Indiana menace de faire sauter l'Arche avec une roquette !

Dans la première version de l'épisode IV, lorsque Luke rentre chez lui et découvre les cadavres de son oncle et sa tante, les corps brûlés de ces derniers n'apparaissaient pas à l'écran. Le film était en effet noté « G », c'est-à-dire « tous publics », par la MPAA. Finalement, ayant peur que ce choix éloigne les jeunes adultes qui pourraient se dire que c'est un film pour enfants, les producteurs ont ajouté la scène pour que le film passe en classification « PG », « pouvant heurter la sensibilité des plus jeunes ».

Le 1er septembre 2003, lorsque Hayden Christensen a tourné la première scène en tant que Dark Vador (épisode III), toute l'équipe a fêté cela en faisant couler le champagne ! Alors que seules 100 personnes sont habituellement présentes sur les plateaux de tournage, pour cette séquence pas moins de 1500 personnes étaient là ! Cadres de la Fox, producteurs, secrétaires, stagiaires : personne ne voulait rater le retour de Dark Vador !

Carrie Fisher a prévenu l'actrice Daisy Riley (dans le rôle de Rey) qu'il a été très dur pour elle de fréquenter des hommes une fois qu'elle est devenue la star de *Star Wars*. En effet, elle ne voulait pas leur donner l'occasion de dire : « Je suis sortie avec la princesse Leia ! »

Mark Hamill a expliqué qu'il a eu beaucoup de mal à dire oui pour revenir dans la troisième trilogie. Il se sentait pris au piège et dans l'impossibilité de refuser à cause la pression qu'on lui mettait... Il espérait même que Harrison Ford refuse pour faire de même. Mais après réflexion, il s'est dit que c'était égoïste et qu'il devait le faire pour les fans !

CARRIE FISHER, ELLE, N'A PAS LONGTEMPS HÉSITÉ AVANT D'ACCEPTER DE REPRENDRE SON RÔLE DE LEIA ! ELLE SAVAIT QUE SON NOM ÉTAIT À JAMAIS ASSOCIÉ À CE PERSONNAGE. ELLE A TOUT DE MÊME AVOUÉ QUE LES RÔLES SE FONT RARES POUR LES ACTRICES DE SON ÂGE.

Disney a demandé à Carrie Fisher de perdre 18 kg pour reprendre le rôle de Leia dans la troisième trilogie.

Dès la première lecture du scénario de l'épisode VII, Mark Hamill (Luke) ne s'est plus rasé pour se laisser pousser une barbe comme celle d'Obi-Wan Kenobi !

Dans *Rogue One*, avant l'assaut de la planète Scarif, au moment où Chirrut Îmwe va les attaquer, deux Stormtroopers discutent du « dernier modèle de VT-15 qui est devenu obsolète ». C'est un clin d'œil aux deux Stormtroopers de l'épisode IV qui discutent « du dernier modèle VT-16 » pendant qu'Obi-Wan tente de désactiver les commandes sur l'Étoile de la Mort.

L'idée du Premier Ordre, qu'on trouve dans l'épisode VII, est née d'une conversation qui portait sur les Nazis. J. J. Abrams a raconté qu'il s'était demandé ce qu'il se serait passé si les Nazis étaient tous allés en Argentine pour recréer un nouvel ordre et à quoi cela aurait donné naissance.

En 1978, Lucas a expliqué qu'il n'était pas très emballé à l'idée de faire une suite à *Star Wars* à ce moment-là mais qu'il y songerait tôt ou tard, « dans environ vingt ans ». Le film suivant a été tourné précisément 20 ans plus tard, en 1998 !

POUR RENDRE LE PLUS RÉALISTE POSSIBLE LES ACCIDENTS DES MODULES LORS DE LA COURSE DE L'ÉPISODE I, LES TECHNICIENS D'ILM ONT ANALYSÉ PLUSIEURS COURSES DE STOCK-CARS. POUR LES CLONES DANS L'ÉPISODE III, ILS ONT OBSERVÉ DIRECTEMENT DES MANŒUVRES MILITAIRES POUR RENDRE LES GESTES DES CLONES RÉALISTES.

Dans l'épisode II, *L'Attaque des clones*, on découvre le célèbre chasseur de prime Boba Fett enfant. Le jeune acteur Daniel Logan a été sélectionné très rapidement, après quelques essais. Il a alors dû être très vigilant à l'école pour ne pas révéler qui il interprétait et disait à ses camarades qu'il allait jouer un bébé Ewok !

Hayden Christensen est très sérieux et très travailleur lorsqu'il faut entrer dans la peau d'un personnage ! Pour son rôle d'Anakin, il s'est entraîné jusqu'à quatre heures par jour pour maîtriser ses combats au sabre. Il est même devenu si fort et si rapide qu'il a presque écrasé l'un des plus grands épéistes de Kendo en Australie !

Dans l'épisode III, à environ 23 minutes de film, lorsque Palpatine, Obi-Wan, Anakin et R2-D2 arrivent sur la plateforme d'atterrissage du Sénat sur Coruscant, on peut apercevoir un petit *Faucon Millénium* qui se pose aussi.

Les astéroïdes que l'on voit dans l'épisode II sont les mêmes que ceux de l'épisode V ! Pour garder une certaine harmonie, les techniciens d'ILM ont scannés les maquettes ayant servi à l'époque et les ont recréées en images de synthèse ! Ont-ils gardé les fameuses pommes de terre ? Mystère...

Le compositeur et ami de J. J. Abrams, Michael Giacchino (compositeur des bandes originales de *Ratatouille*, *Les Indestructibles…*), aurait pu composer la musique de l'épisode VII, vu que son ami Abrams le prend sur toutes ses réalisations. Mais il a expliqué qu'il préférait entendre une musique de John Williams sur un *Star Wars* que la sienne. Abrams l'a néanmoins fait apparaître en caméo : il joue un Stormtrooper dans *Le Réveil de la Force*.

LE COSTUME QUE PORTE CARRIE FISHER DANS L'ÉPISODE VI LORSQU'ELLE EST L'ESCLAVE DE JABBA LE HUTT EXISTAIT EN DEUX VERSIONS : UNE EN MÉTAL POUR LES SCÈNES OÙ ELLE ÉTAIT IMMOBILE, ET UNE EN CAOUTCHOUC POUR LES SÉQUENCES OÙ ELLE DEVAIT SE BATTRE ET FAIRE DES CASCADES !

Avant de tourner dans l'épisode VII, Carrie Fisher a conseillé amicalement à la jeune actrice Daisy Ridley (Rey) de ne jamais porter le même genre de costume qu'elle (le fameux bikini) pour éviter « d'en être à jamais esclave »…

Dans *Le Retour du Jedi*, la chanson « Lapti Nek » jouée dans le palais de Jabba a été écrite par Joseph Williams, le chanteur du groupe Toto et fils de… John Williams, le compositeur de la musique de *Star Wars* ! Joseph a aussi composé la musique du final du film, la fameuse « Ewok Celebration » !

Un millier de mouvements différents… C'est ce qu'ont dû apprendre Hayden Christensen et Ewan McGregor pour réaliser la scène d'anthologie de l'épisode III, lorsqu'Anakin affronte son maître Obi-Wan sur les bords du volcan en éruption. Une prouesse pour les acteurs qui n'ont quasiment pas fait appel à des doublures. La scène dure 12 minutes et est l'un des plus longs combats de l'histoire du cinéma ! Le combat final entre Neo et l'agent Smith dans *Matrix III* par exemple dure 17 minutes et a nécessité plus de 2 mois de tournage et de préproduction !

DURANT CE FAMEUX COMBAT ENTRE ANAKIN ET OBI-WAN, EWAN MCGREGOR A FAIT VOLER SON TÉLÉPHONE PORTABLE DURANT UNE PRISE. IL L'AVAIT CACHÉ SOUS SA TUNIQUE DE JEDI !

Les fans ont relevé un lien assez poétique entre Luke et Leia : dans l'épisode IV, Luke découvre Leia sous forme d'une projection en entendant son message demandant de l'aide, et dans l'épisode VIII, Luke meurt après que Leia a vu une projection de son frère qui cherche à l'aider.

Dans l'épisode I, Dark Maul ne cligne jamais des yeux tout au long du film, sauf une seule fois : lorsqu'il se fait couper en deux par Obi-Wan.

Très impliqué dans son entraînement, Hayden Christensen a frappé malencontreusement Ian McDiarmid (l'Empereur) entre les deux yeux avec son sabre.

Les deux interprètes d'Obi-Wan et d'Anakin finissaient souvent leur séance d'entraînement couverts de bleus et les ongles fendus !

Le duel entre Anakin et Obi-Wan dans l'épisode III a marqué une première dans l'histoire de *Star Wars* : c'est la seule et unique fois où deux combattants s'affrontent avec un sabre-laser de la même couleur (bleu contre bleu) !

Le sabre-laser utilisé par Ewan McGregor dans *La Revanche des Sith* est le même que celui utilisé par Alec Guinness en 1977. Raccord parfait !

Une patate au milieu des astéroïdes dans l'épisode V, une chaussure dans la bataille finale du *Retour du Jedi*… Les techniciens d'ILM aiment placer des objets insolites dans les films. Dans l'épisode III, c'est un évier, oui oui un évier, qui a été placé au milieu des débris d'un vaisseau lors de la bataille d'ouverture, quand un chasseur Jedi fait exploser un croiseur ennemi.

Dans l'épisode I, lors de la course de modules, le public est en réalité constitué de… cotons tiges !

La course de modules dans *La Menace fantôme* dure pas moins de 10 minutes, possède 400 superbes plans en tout, et ne comporte (l'avais-tu remarqué ?) aucune musique ! Uniquement le bruit des moteurs des engins !

Dans chaque épisode de *Star Wars*, il y a toujours au moins un personnage qui se fait couper un bras, une main, ou un pied avec un sabre laser ! On compte parmi eux : Zam Wesell la changeante, Anakin (ainsi que plus tard Dark Vador), Dark Maul, Mace Windu, Grievous, même C-3PO, et bien sûr Luke.

Alors que tout le monde évacue la Cité des Nuages dans l'épisode V, on voit un homme courir avec une base de données sous le bras pour la protéger ! Les accessoiristes ont utilisé pour représenter cette base de données... une machine à crème glacée.

ALORS QUE LES LOBBIES MILITARO-INDUSTRIELS ONT UTILISÉ À PLUSIEURS REPRISES LE NOM « *STAR WARS* » POUR MIEUX VENDRE LEURS ARMES, LUCAS A PORTÉ PLAINTE ET LEUR A INTENTÉ DEUX PROCÈS… QU'IL A PERDUS.

Le président américain Ronald Reagan a lancé dans les années 1980 un programme de défense contre les missiles soviétiques qui a vite été appelé « programme Star Wars ». Lucas lui a aussi fait un procès… et a perdu une nouvelle fois.

« La Force est très puissante dans ma famille »
Luke Skywalker

Les fans qui souhaitaient donner un côté religieux et spirituel à la saga *Star Wars* ont été déçus lorsque Lucas a fait expliquer par l'intermédiaire de Qui-Gon Jinn dans l'épisode I que les êtres sensibles à la Force l'étaient pour une raison tout à fait « scientifique » : leur fort taux de midi-chloriens, des micro-organismes présents chez tous les êtres vivants. Lucas a toutefois expliqué que cette notion était clairement établie (même si non expliquée à l'écran encore) dans les scripts originaux dès la première trilogie.

BIEN QUE L'ÉPISODE I AIT ÉTÉ FILMÉ EN PELLICULE 35 MM, LE FILM CONTIENT LA PREMIÈRE SCÈNE FILMÉE EN NUMÉRIQUE HAUTE DÉFINITION DE L'HISTOIRE DU CINÉMA ! CETTE SCÈNE N'EST AUTRE QUE CELLE OÙ QUI-GON JINN EXPLIQUE L'EXISTENCE DES MIDI-CHLORIENS.

L'ÉPISODE I, *LA MENACE FANTÔME* COMPORTE 2 420 PLANS, DONT 2 137 ONT NÉCESSITÉ DES TRUCAGES ! IL N'Y A QU'UNE DIZAINE DE MINUTES DU FILM QUI NE COMPORTENT AUCUN EFFET.

J. J. Abrams, réalisateur de deux des épisodes de la troisième trilogie, place souvent le nom de son grand-père, Henry Kelvin, quelque part dans ses films. Dans l'épisode VII par exemple, Rey dit à BB-8 de ne pas s'approcher de la corniche Kelvin !

Lucas a reçu d'innombrables plaintes de fans concernant le personnage de Jar Jar Binks, qu'ils trouvaient insupportable dans l'épisode I. Sans perdre son sens de l'humour, il a donné comme titre de travail à l'épisode II *La Grande Aventure de Jar Jar*.
Dans l'épisode III, Jar Jar Binks ne prononce qu'une seule réplique dans tout le film : « Pardon. » Beaucoup de fans y voient une excuse de la part du réalisateur envers ceux qui se sont plaints de la pénibilité de ce personnage dans l'épisode I.

POUR CRÉER LA LAVE SUR LA PLANÈTE MUSTAFAR, L'ÉQUIPE TECHNIQUE A UTILISÉ DES PLANS NUMÉRIQUES ET DES PRISES DE VUES RÉELLES D'UNE ÉRUPTION VOLCANIQUE, MAIS AUSSI DES VOLCANS MINIATURES SUR LESQUELS COULAIT UN TORRENT DE LAVE ARTIFICIELLE ÉLABORÉE À PARTIR D'UN AGENT ÉPAISSISSANT UTILISÉ POUR LA FABRICATION... DES MILK-SHAKES !

Le bruit de la lave coulante sur la planète Mustafar a été produit avec des serviettes humides frottées dans la boue, ainsi que par des plats remplis de macaronis qui étaient écrasés !

C'est C-3PO qui prononce la dernière réplique de l'épisode III « Oh non ! » et qui dit la première de l'épisode IV « Tu as entendu ?! »
La boucle est bouclée !

Dans *Le Réveil de la Force*, lorsque Rey trouve le sabre de Luke chez Maz Kanata, durant sa vision, on entend le célèbre « Noooon ! » de Luke dans l'épisode VI, le « nous entoure, et nous relie » de maître Yoda et le « Rey ! These are your first steps ! » d'Obi-Wan tourné par Ewan McGregor lui-même. Dans cette dernière réplique, « Rey » est prononcé avec la voix d'Alec Guinness et le reste de la tirade par Ewan McGregor.

EWAN MCGREGOR (OBI-WAN) A EXPLIQUÉ QUE SON TOUT PREMIER SOUVENIR D'UN FILM AU CINÉMA N'EST AUTRE QUE... *STAR WARS* !

Le dernier sabre laser utilisé par Anakin avant qu'il ne devienne Dark Vador est le même que celui offert à Luke par Obi-Wan Kenobi dans l'épisode IV.

LE *STAR YACHT* DE DRYDEN DANS LE FILM *SOLO* A ÉTÉ INSPIRÉ DES LUXUEUX PAQUEBOTS DES ANNÉES 1930 MÉLANGÉ À DE L'ART DÉCO.

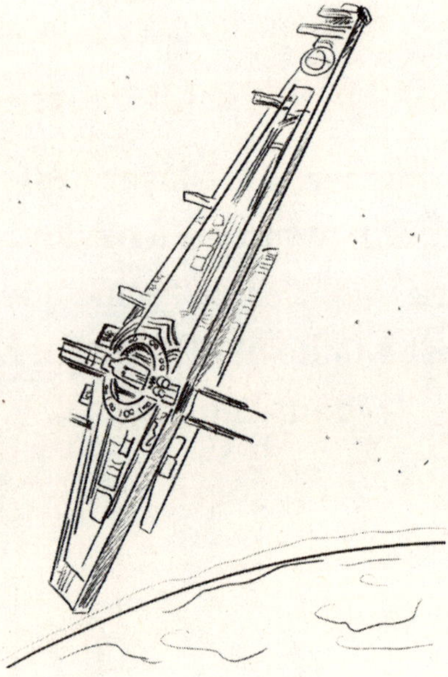

SACHANT QUE SON PERSONNAGE, MACE WINDU, DEVAIT MOURIR DANS L'ÉPISODE III, SAMUEL L. JACKSON A DEMANDÉ À LUCAS DE LE FAIRE MOURIR DIGNEMENT. LUCAS A ACCEPTÉ EN LUI ÉCRIVANT UNE SCÈNE DE COMBAT AU SABRE LASER COMPORTANT 137 MOUVEMENTS DIFFÉRENTS !

Même si David Prowse, l'interprète de Dark Vador dans la trilogie initiale, était d'accord pour reprendre du service dans la prélogie, l'acteur Hayden Christensen a demandé à jouer lui-même les scènes avec le costume et George Lucas a accepté !

Pour Hayden Christensen, porter le célèbre costume de Dark Vador reste un grand souvenir, même s'il a expliqué qu'une fois dans le costume, il ne voyait qu'à travers la bouche du casque du personnage !

Lorsque Lucas et son équipe étaient en Tunisie pour tourner l'épisode II, ils en ont profité pour tourner en secret une scène cruciale qui éviterait de revenir trois ans plus tard dans le même endroit juste pour cette scène. Personne n'a su exactement ce qu'était cette scène, mais on devine aujourd'hui que c'est celle où Obi-Wan revient sur Tatooine avec le bébé Luke pour le donner à son oncle Owen et à sa tante Beru.

L'ÉPISODE III A ÉTÉ TOTALEMENT TOURNÉ EN STUDIO ! SAUF UNE SCÈNE, CELLE TOURNÉE EN TUNISIE EN SECRET, TROIS ANS PLUS TÔT…

En juin 2014, Harrison Ford est resté coincé sous la porte du *Faucon Millénium*. Il a été blessé à la jambe et emmené à l'hôpital pour une opération qui lui a valu 8 semaines d'arrêt de tournage. On a appris par la suite que le réalisateur avait porté secours à son ami en tentant de le dégager en soulevant la porte du vaisseau… et s'était brisé une vertèbre !

Il n'a pas été facile au début de trouver des volontaires pour jouer le rôle des Ewoks dans l'épisode VI. Lorsque l'agence pour l'emploi de Londres a fait paraître l'annonce, elle n'avait pas indiqué que c'était pour jouer dans *Star Wars* et n'a reçu que quatre candidatures. Mais dès que le journal *The Sun* a publié l'annonce en précisant le nom du projet, 120 personnes de petite taille ont postulé ! Certaines, mesurant 1 m 40 ont dû être refusées car elles étaient trop grandes.

La guerre des Clones est un événement majeur de la saga *Star Wars*. Dès le premier épisode (le IV), on en parle clairement, du moins, en anglais, quand Obi-Wan raconte à Luke que son père et lui ont combattu côte à côte lors de la « guerre des Clones »... En revanche, dans la version française, cette information est passée à la trappe à cause d'une erreur de traduction ! Cette réplique a en effet été traduite par « la guerre noire », ce qui a privé les spectateurs français de cette information cruciale pendant 20 ans !

David Prowse, qui interprète Dark Vador dans la trilogie initiale, avait refusé de jouer Chewbacca car il ne voulait pas apparaître caché sous un costume ! Il a donc refusé le rôle du Wookiee pour celui du méchant... qui est masqué tout au long du film !

Lorsque l'actrice Karen Gillan, jouant Nebula dans *Les Gardiens de la Galaxie*, s'est rasé la tête pour interpréter son personnage, ses cheveux ont été utilisés pour créer une perruque sur le tournage de l'épisode VII de *Star Wars*.

On découvre pas moins de sept nouvelles planètes uniquement dans l'épisode III :

- Kashyyyk, planète d'origine des Wookiees ;
- Utapau, parsemée de puits ;
- Mygeeto, aux tours cristallines ;
- Felucia, recouverte de gigantesques champignons ;
- Polis Massa, située au cœur d'un champ d'astéroïdes ;
- Mustafar, astre couvert de lave en fusion sur lequel se déroule le combat entre Anakin et Obi-Wan.

En détruisant l'Étoile Noire, Luke Skywalker a tué 1 161 293 personnes.

ON RETROUVE UNE NOUVELLE FOIS JEREMY BULLOCH DANS L'ÉPISODE III SOUS LES TRAITS D'UN ÊTRE HUMAIN SERVANT LA FAMILLE ORGANA (LES PARENTS ADOPTIFS DE LEIA). IL PILOTE LE VAISSEAU DANS LEQUEL OBI-WAN, YODA ET PADMÉ (QUI VA ACCOUCHER) SE RÉFUGIENT POUR ÉCHAPPER À L'ORDRE 66 (EXTERMINATION DES JEDI).

DENIS LAWSON, L'ACTEUR QUI JOUE LE RÔLE DU PILOTE D'X-WING DANS LES TROIS ÉPISODES DE LA TRILOGIE ORIGINALE, EST L'ONCLE D'EWAN MCGREGOR (OBI-WAN).

Étant un ancien pilote de la Royal Air Force durant la Seconde Guerre mondiale, c'est l'acteur Christopher Lee, alias le Comte Dooku, qui montra à Hayden Christensen (Anakin) comment bien se tenir dans un cockpit !

Lorsqu'il préparait *Star Wars* dans les années 1970, Lucas avait en tête de n'utiliser pour faire cette saga que des acteurs afro-américains, que des acteurs japonais – l'univers de *Star Wars* étant beaucoup influencée par la culture japonaise – ou encore que des acteurs de petite taille ! Cette dernière idée lui est venue après sa lecture du livre *Le Seigneur des Anneaux*. Il a finalement préféré laisser de côté un choix aussi extrême.

La bataille finale entre les rebelles et l'Empire était prévue sur la planète des Wookiees, Kashyyyk, d'où vient Chewbacca. Mais Lucas a changé d'idée car il voulait que ce soit un « peuple primitif », comme les Ewoks, qui aide les rebelles à vaincre l'Empire. Les Wookiees étaient trop avancés technologiquement et savaient même piloter des vaisseaux comme le *Faucon Millénium*. Ce sont donc les Ewoks, avec de simples bâtons et des cailloux qui arrivent à assommer des Stormtroopers en armure... Hum...

ON NE S'EN REND PAS COMPTE AUJOURD'HUI, MAIS EN RÉALITÉ, GEORGE LUCAS A VOLONTAIREMENT ENGAGÉ DES ACTEURS PEU CONNUS POUR SA PREMIÈRE TRILOGIE : CARRIE FISHER, HARRISON FORD ET MARK HAMILL. J. J. ABRAMS A ÉGALEMENT ENGAGÉ DES ACTEURS PEU CONNUS POUR LES NOUVEAUX RÔLES DE L'ÉPISODE VII.

3 000 jeunes acteurs potentiels ont été auditionnés pour jouer le rôle du jeune Anakin dans l'épisode I ! Le directeur de casting et Lucas ont fait passer des auditions en Angleterre, en Irlande, en Écosse et en Amérique du Nord ! C'est le jeune Jake Lloyd, 10 ans, qui a été retenu et est devenu mondialement célèbre, à son grand désespoir. En 2012, il a confié que cette notoriété a beaucoup compliqué sa vie d'ado et sa scolarité : ses camarades lui réclamaient sans cesse des autographes, imitaient le bruit du sabre laser à chaque fois qu'il passait... Il a dû changer deux fois d'école. En 2001, il a décidé de ne plus tourner de film, ne supportant plus qu'une

caméra soit braquée sur lui.
En 2015, à 27 ans, il a été emprisonné 10 mois suite à une course poursuite avec la police qui s'est finie en accident. En 2017, il a été interné en hôpital psychiatrique à la demande de sa mère car il a été diagnostiqué schizophrène.

Dans l'épisode III, Lucas avait prévu de faire apparaître le jeune Solo, alors âgé de 10 ans ! Le film *Solo* n'existant pas encore, l'idée à cette époque était de montrer le jeune Solo élevé par Chewbacca à Kashyyyk (ce qui explique pourquoi il parle cette langue). Il devait aussi aider Yoda à trouver le Général Grievous. Des croquis du jeune Solo ont été

TRAVAILLÉS MAIS L'IDÉE
A ÉTÉ ABANDONNÉE CAR
JUGÉE INUTILE ET
INJUSTIFIÉE.

L'acteur jouant Kylo Ren (Adam Driver) jouait quasiment à l'aveugle sur les plateaux car il ne voyait presque rien avec son masque ! Cela ne l'empêchait pas de garder volontairement son masque, même entre les scènes, afin de, disait-il, « rester dans la peau du personnage ».

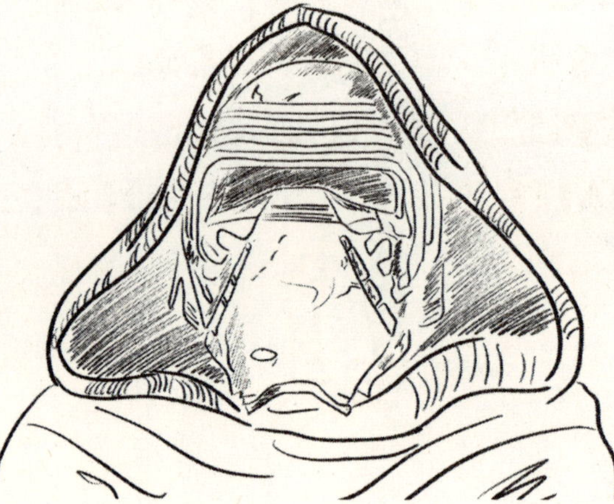

LE *FAUCON MILLÉNIUM* SE FAIT TOUJOURS TRAITER DE TOUS LES NOMS DANS LES FILMS ! DANS L'ÉPISODE VII PAR EXEMPLE, REY LE QUALIFIE DE « TAS DE FERRAILLE » LORSQUE FINN LE LUI MONTRE LA PREMIÈRE FOIS PENDANT QU'ILS S'ÉCHAPPENT. DANS L'ÉPISODE IV, LEIA L'AVAIT TRAITÉ DE « CASSEROLE ».

Le nom de Stormtrooper de Finn (épisode VII), FN-2187, est un clin d'œil au numéro de la cellule dans laquelle la princesse Leia a été détenue dans l'épisode IV : « Cell 2187 ».

C'est le réalisateur J. J. Abrams lui-même qui a dessiné un croquis du droïde BB-8. L'artiste des effets spéciaux Neal Scanlan l'a qualifié de « croquis très simple, magnifique dans sa simplicité de ballon avec son petit dôme au-dessus ! » Il y a eu sept BB-8 sur le plateau pour les différentes scènes.

L'acteur John Boyega (Finn), a fait face à de nombreuses réactions racistes car il joue un Stormtrooper noir. Ce à quoi il a simplement répondu : « Il faudra vous y faire ! » En 2016, il a été nommé pour le Saturn Award du meilleur acteur pour son interprétation de Finn.

George Lucas, après avoir vendu *Star Wars*, a avoué avoir eu un drôle de sentiment quand il a découvert l'épisode VII au cinéma. Il a confié que c'était pour lui « comme assister au mariage d'une ex-femme ».

« Je vends des bâtons de la mort, ça t'intéresse ?
– Tu ne vends pas de bâtons de la mort.
– Je ne vends pas de bâtons de la mort.
– Tu vas rentrer chez toi et réfléchir à ton avenir.
– Je vais rentrer chez moi et réfléchir à mon avenir. »

Lorsque Obi-Wan est dans le bar où il cherche la changeante, dans l'épisode II, un jeune tente de lui vendre « des bâtons de la mort ». C'est une référence évidente aux cigarettes et, comme elles, les bâtons de la mort dans *Star Wars* réduisent la durée de vie de l'utilisateur à chaque dose. Lucas a inséré cela volontairement dans le film en raison de son fort rejet du tabagisme.

LE DROÏDE BB-8 ÉTAIT D'ABORD CENSÉ ÊTRE UN PERSONNAGE FÉMININ. MAIS AU FIL DU TOURNAGE, TOUT LE MONDE S'EST MIS À DIRE « IL »...

C'est dans l'épisode VII, *Le Réveil de la Force*, que l'on voit pour la première fois des Stormtroopers utiliser des lance-flammes. Cela explique pourquoi, dans l'épisode V, Luke a trouvé la maison de son oncle et de sa tante calcinée.

Lucas aime Matrix !
L'acteur qui joue le rôle du jeune dealer qui tente de vendre des bâtons de la mort à Obi-Wan est le même que celui qui joue le jeune inventeur de la « femme en rouge » dans *Matrix*, celle qui distrait Neo. Ce clin d'œil se poursuit quand le réalisateur fait apparaître cette actrice quelques secondes après dans le bar, et la fait distraire Anakin !
Pour compléter le tout, les verres que tiennent le jeune dealer et Obi-Wan durant leur échange sont rouges et bleus, rappelant les pilules rouges et bleues de *Matrix*.

Dans l'épisode VII, le *Faucon Millénium* possède une antenne rectangulaire au lieu de la traditionnelle antenne ronde. L'antenne ronde a en effet été perdue dans la bataille d'Endor de l'épisode VI.

***RACCORD PARFAIT* !**
LE JEU D'ÉCHECS DU *FAUCON MILLÉNIUM* QUE DÉCLENCHE ACCIDENTELLEMENT FINN DANS L'ÉPISODE VII REPREND EXACTEMENT LÀ OÙ LA PARTIE ENTRE R2-D2 ET CHEWBACCA S'ÉTAIT ARRÊTÉE DANS L'ÉPISODE IV !

Le visage du général Grievous (épisode III), une créature biomécanique (5 % organique, 95 % robotique), a été dessiné en s'inspirant de la tête d'un pulvérisateur de détergent pour salle de bains.

Un processus d'application de chrome sur du caoutchouc a été créé spécialement pour la prélogie afin de fabriquer des poignées de sabre en caoutchouc tout en leur donnant l'aspect du métal. Cela évita aux acteurs de se blesser durant les cascades avec les sabres.

Sur la porte des toilettes du département artistique de la filiale de Lucasfilm, où fut produite la prélogie, il est écrit : « Salle du trône de Dooku ».

L'ÉPISODE III EST LE SEUL QUI, APRÈS LE DÉFILEMENT DU RÉSUMÉ, VOIT LA PRISE DE VUE MONTER VERS LE HAUT ! TOUS LES AUTRES VOIENT LA PRISE DE VUE S'INCLINER VERS LE BAS !

DANS LA PRÉLOGIE, LA SÉNATRICE AMIDALA EST LA MEILLEURE TIREUSE DU FILM. ELLE NE RATE PRESQUE JAMAIS SA CIBLE ! C'EST UNE RÉFÉRENCE À SA FILLE, LEIA, QUI ELLE AUSSI NE MANQUE PRESQUE JAMAIS SA CIBLE DANS LA TRILOGIE INITIALE.

Les ingénieurs du son avaient un jour enregistré des mouches en train de voler autour d'une bouse de cheval dans le *Skywalker Ranch* sans savoir quoi en faire. Ils ont été heureux quand ils ont pu placer ce son dans l'épisode III : on entend ces fameuses mouches voler autour du ferrailleur Watto !

Le son de battement d'ailes de Watto est obtenu à partir du son passé en boucle de la fermeture et de l'ouverture d'un parapluie !

Le ferrailleur Watto a posé problème à l'équipe de modélisation à cause de son gros nez qui tombe devant sa bouche, ce qui était gênant pour les mouvements des lèvres. Les animateurs ont simplement contourné ce problème en ne le faisant parler que d'un seul côté de la bouche !

DANS L'ÉPISODE III, SUR LA PLANÈTE TATOOINE, JUSTE AVANT QU'ANAKIN AILLE SAUVER SA MÈRE DES MAINS DES TUSKENS, ON LE VOIT PARLER AVEC PADMÉ ET LEUR OMBRE EST PROJETÉE SUR LE MUR DE LA MAISON. À CE MOMENT-LÀ, L'OMBRE D'ANAKIN RESSEMBLE FORT À L'OMBRE DE DARK VADOR. L'ÉQUIPE DU FILM A EXPLIQUÉ QUE CE N'ÉTAIT QU'UNE COÏNCIDENCE HEUREUSE.

DANS LA PRÉLOGIE, LES DERNIÈRES PAROLES DE SHMI, PADMÉ, ET OBI-WAN DITES À ANAKIN SONT RESPECTIVEMENT : « JE T'... », « JE T'AIME », ET « JE T'AIMAIS ANAKIN ».

Mark Hamill avait proposé à Lucas de créer un personnage dont Luke pourrait vraiment tomber amoureux dans la saga. Cela ne fut pas retenu dans la trilogie initiale, mais dans l'univers étendu de *Star Wars*, Luke a bien eu une petite amie qu'il a épousée ! Il s'agit de Mara Jade, une tueuse Sith qui avait pour mission de tuer Luke Skywalker ! Seulement, un clone de

Luke s'est interposé et a été tué à sa place. Plus tard, elle changea d'avis sur les Jedi, et finit par épouser Luke !

RÉPLIQUES CULTES

« Votre manque de foi me consterne. »

Dark Vador

« Personne par la guerre, ne devient grand. »

Yoda à Luke Skywalker

« Non, n'essaie pas ! Fais-le, ou ne le fais pas. Il n'y a pas d'essai ! »

Yoda à Luke

« Plutôt embrasser un Wookiee ! »

Leia à Han Solo

« Quand 900 ans comme moi tu auras, moins en forme tu seras. »

Yoda à Luke

« Tu ne peux pas gagner. Si tu me terrasses, je deviendrai bien plus puissant que tu ne pourrais jamais l'imaginer. »

Obi-Wan Kenobi

« Toujours par deux ils vont, ni plus, ni moins... Le Maître et son Apprenti... »

Yoda à Mace Windu à propos des Sith

« Ça va peut-être pas sentir très bon... mais au moins ça va te tenir chaud. »

Han Solo à Luke inconscient devant un Tauntaun

« Je bats les engins de l'Empire en vitesse lumière. Attention, j'parle pas de ces croiseurs, je vous parle des modèles de combat corelliens. Il va assez vite mon vieux t'en fais pas ! »

Han Solo

« Il y en a toujours un pour manger l'autre. »

Qui-Gon Jinn

« Tu ne peux pas empêcher que tout change, pas plus qu'on ne peut empêcher les soleils de se coucher. »

Shmi à Anakin

« Je ne suis qu'un homme simple essayant de faire mon chemin dans l'univers. »

Jango Fett

« Ainsi s'éteint la liberté, sous une pluie d'applaudissements. »

Padmé Amidala

« Chewie, on est à la maison. »

Han Solo

« L'espoir. »

Leia

« C'est sûrement un piège.

— Que fait-on, maître ?

— On s'y précipite ! »

Obi-Wan et Anakin

« Vous êtes venus dans cette casserole ? Vous êtes plus braves que je ne le pensais. »

Leia, au sujet du *Faucon Millénium*

« L'œil ne voit que la surface des choses, ne t'y fie pas. »

Obi-Wan Kenobi

« Tu as été banni parce que tu es maladroit ?

— Tissa peut dire ça comme ça... Missa causer une ou deux picoli accidente ! Disons... Boum le gaz et carabouilli limousine Big Boss ! Alors banni ! »

Obi-Wan et Jar Jar Binks

« Ce n'est pas parce que tu parles que tu es intelligent. »

Qui-Gon Jinn à Jar Jar

« Dieu me débranche ! Des machines qui créent des machines ! »

C-3PO

« Je ne sais même pas sur quelle planète je suis.

— Eh bien, s'il y a un point central dans cet univers, tu es sur la planète qui en est le plus éloignée. »

C-3PO et Luke

« Luke est tout sauf un fermier, Owen. Il ressemble trop à son père.

— C'est bien ce qui me fait peur. »

Tante Beru et oncle Owen

« Ce type est fou.

— Qui est le plus fou des deux ? Le fou, ou le fou qui le suit ? »

Han Solo (parlant d'Obi-Wan) et Obi-Wan

« C'est une fière opération ! En arrivant ici vous n'aviez même pas de plan pour ressortir ?

— Le cerveau c'est Luke, chérie ! »

Leia et Han Solo

Épisode V, sur Hoth, alors que le *Faucon Millénium* n'arrive pas à démarrer :

« Vous voulez peut-être que je sorte pour pousser !?

— Pourquoi pas ? »

Leia et Han Solo

« Capitaine, les chances de traverser un champ d'astéroïdes avec succès sont approximativement de 1 sur 3 720 ! »

C-3PO

« Le Côté Obscur est le plus fort ?

— Non ! Non. Plus rapide, plus facile, plus séduisant. »

Luke et Yoda

« J'arrive pas à y croire !

— C'est pour cela que tu échoues. »

Luke et Yoda

« Comment on s'en sort ?

— Comme d'habitude.

— Si mal que ça ?! »

Han Solo et Luke

« Beaucoup de vérités auxquelles nous tenons dépendent avant tout de notre propre point de vue. »

Obi-Wan Kenobi

« Les femmes découvrent toujours la vérité. Toujours. »

Han Solo

« J'ai toujours détesté te voir partir.

— C'est pour ça que je le faisais, pour te manquer. »

Leia et Han Solo

« Impressionnant. Chaque mot dans cette phrase est faux. »

Luke à Rey, puis Luke à Kylo

« Le meilleur maître, c'est l'échec. »

Yoda à Luke

« C'est possible ?

— Je ne me pose jamais cette question avant de l'avoir fait. »

Rey et Han Solo

INDEX

ACTEURS/RÉALISATEURS

PERSONNAGES/CRÉATURES

PLANÈTES/LUNES

VAISSEAUX/MACHINES

Remerciements

Merci à Ludy Guri, Ruddy-Wan Kenobi, Hem2D2 & Jess Leia, Mitch & Alex, Dam Dooku & Kath Blue, Babar Binks, Timo Calrissian & Estrella, Greg le Hutt, Chloé Amidala & Noéwok, the Pavone family, Le bof et la baf, Pauline Labbé, Stéphane Chabenat, Aurélie, Charlotte, Savannah, Zoé, Aurore Luguenot, Sami, Amandine, Genna, Romy, Jojo, Loulou, Moïrah, Sacha, Timo, Mimi, Lily, May, Romain & Luana, Tophe, Leslie, Elvina, Vittorio, Lucas et Eden, Tom, Erick, Bryan, OlivierTuto et Virginie, Jo & Elod, Fifou, Will & Léa, Peyrlinpinpin, Simous & Biscotte, Manu & Odette, Pascal & Hamelou, Steph & Flo !

NOTES

Imprimé en Espagne par
Liberduplex
à Sant Llorenç dHortons (Barcelone)
en janvier 2021

ISBN : 978 2 36075 822 7
Dépôt légal : novembre 2019
X75822/63